# 有温度的教育
# 孩子才不抵触

——让孩子从"**要我做**"到"**我要做**"

糖粒儿 著

北京联合出版公司
Beijing United Publishing Co.,Ltd.

序

　　当策划向我发出邀请，让我写一本有关亲子教育的书时，我有些惶恐。女儿是取得过一些大大小小的成绩，但也没有成功到让世界瞩目的程度。而我，是有过几年亲子教育课程研发和主讲的经历，但始终没有以此为重心，也没有在这方面为人所熟知。自觉没有什么权威可以来支撑我写这本书。

　　但策划说："我看了你的朋友圈，你和女儿的日常生活是那么让人感动，我也相信并不是只有我一个人感动于此。专家们在讲理论，在描述方法论，但那些始终让人觉得有些距离。温馨又有正能量是我从你的教育以及你女儿身上看到的闪光点，你不必讲理论，那些留给专家，你只要讲你自己的故事，让人从你的亲身经历中自己去理解要怎么做就可以了。你能感动我，自然能让更多人产生共鸣。"

是的，确实有不少朋友因为我分享的日常点滴而感动，也有专业领域的朋友对我的带娃方式表示认同，那就写吧，虽然我只是个普通到不能再普通的上班族妈妈，但我是用心陪着女儿成长的，点滴的回忆多的是。

有了女儿，最大的感受就是多了一份责任。有了微信之后，经常在朋友圈分享和女儿生活中的各种事情，成了晒娃一族。令人开心的是，这个举动似乎并没有招致朋友们的反感，相反很多人希望我多写一点和女儿在生活、学习中的教育经验。很多人的问题都一样，都是问我：你哪儿来的那么多时间和精力？

曾经在中国妇女儿童博物馆的母亲节专场活动中，特意做了一次名为"糖妈的时间哪儿来的"的分享，来解答这个问题。其实没有什么秘诀，不过是人们老生常谈的时间管理分配的问题。有了孩子，尽量减少晚上的聚会，能午餐就不晚餐，周末聚会可以和有孩子的朋友们一起带娃，连玩带交流育儿经验。和爱人合理分配家务，一起动手，各负责一部分。

我们都是上班族，一周工作下来都想多休息一下，放松一下，那就都要分担一部分，大家就都可以快点有时间休息。而且周末的日子虽然会比平时晚起一会儿，但也不至于一个懒觉睡到中午。我母亲经常和我说"早起三光，晚起三慌"，就是说早起就可以把很多事情都做好，晚起就会很忙乱。确实，周末如果早起的话，感觉整个上午像是有一整天的时间一样，整块的时间就多了许多，和女儿相处的时间也就多了。

时间有了，拿来一起做什么就很重要了。我一直感慨，不管是我们每一个人所选择的人生道路，还是孩子的教育，都是没有回头路的。所以，一种责任感一直在肩。我希望陪伴和教育，是让孩子从我们的怀抱中慢慢站起来行走，最终可以独立思考，知道自己要什么并勇敢、坚定地去选择她要的生活。而要达到这个目的，就需要我们通过陪伴去了解她，理解她，帮助她。女儿经常会说一个事情让我猜答案，我一般都能猜对，她总问，我您怎么知道的？这便是陪伴的结果。陪伴不是简单地坐在她身边，也不是每天随便讲几个故事；而是在陪伴的过程中，倾听孩子的心声，了解她的特点，在有问题需要解决的时候，可以选择一个适合她的方法顺利地解决这个问题。有时候同一个方法对于不同的孩子可能效果不同，比如：我女儿在学扬琴的时候，老师说可以回家和孩子说"哎呀，妈妈累了，好想听你弹一首曲子啊"，然后就可以让孩子多练一遍琴了，我这样试了，对我女儿很有效。而朋友回家说同样的话，她的女儿却说："我也很累啊！"所以陪伴就是要知道自己的孩子更适合什么样的沟通方式，站在自己孩子的思维角度，找到这其中的诀窍。这也是我一直认为孩子要自己带的原因，因为只有一点一滴自己都看在眼里，记在心上，有问题的时候，我才能知道孩子在想什么，需要选择用什么方法去解决。而老人帮忙带孩子，确实会让我们轻松很多，但是我们就不能去感受和发现孩子的点点滴滴了，出现问题的时候就会手忙脚乱，用错了方法。我经常形容教育孩子就像玩游戏打怪升级，随着她的成长，我也得跟着成长，这样才能持续陪伴。

另外希望有孩子的家长们也要有自己的爱好和兴趣。在孩子三岁前，我每天忙于照顾孩子和工作，不在意自己的打扮，甚至都没空照镜子看看自己是什么样子。有一天忽然站在镜子面前看自己当时的样子，自己都嫌弃。跑出去剪个了头发，早上出门前开始想起来化妆，抬眼也选了选自己的衣服穿搭，上班的时候碰到隔壁部门的同事，他居然问我："你是整容了吗？"这话我一直记到现在。也是从那时候开始，我又开始听音乐、追星、看书、做手工……

还记得出版社邀约我出版第一本手工书的时候，和写今天您看到的这本书一样，都是等家人睡了才开始动笔。但那时候需要做手工，更麻烦一些。需要用到缝纫机，我就把女儿的玩具盒子搭在马桶盖上，把缝纫机放在马桶上，关上卫生间的门来做，这样就不会吵到家人休息。虽然辛苦，但是书出来的时候会更有成就感。偶尔也把孩子交给爱人带，自己跑去看音乐会。这些爱好，给我带孩子和忙工作两点一线的生活，加上了更多的线，又加上了音符，让我觉得生活还有自我，还是那么美妙。

转眼女儿就十二岁了，提笔写这本书，更多的是希望记录一个现代社会的普通职场妈妈的亲身经历，也满足那些希望我分享一些我的教育经验的朋友。虽然我的方法不可能适用于每一个孩子，但是每个故事的背后都是一种思维方式，这种思维方式是解决问题更好的办法。另外，这本书更是记录女儿的美好童年。当我说要给她写一本书的时候，她骄傲得不得了。我喜欢她因我而骄傲的样子，她也是我这本书的第一个读者。未来我们还要一起升级，她将步入人生最美好的青春期，我也将学习这一新阶段的陪伴方法，做一个最懂她的妈妈！

# 目 录

标 △ 符号的文字全部化用自歌词，出处请在书中探寻

序章

# 有了你，
## 我的生活不再原地踏步

　　结婚三年，我和爱人都忙于工作，尤其我，加班出差是常事。每年过年都被亲戚提醒该要个孩子，年近三十的我也开始考虑这个问题。其实我并不喜欢小孩，遇到亲戚、朋友家的孩子，都是礼貌性地逗一逗，乖巧可爱的还能哄着玩一玩，调皮的孩子我就分分钟有一种要爆发的怒火。老公也是对孩子没有什么热情。有朋友和我说，别人家的孩子你觉得不好，你自己的就不一样了。婆婆倒是很想得开，要不要孩子都可以接受，而且她还提醒我们要孩子很辛苦，需要做好心理准备。我母亲的意见呢，如果要就尽早要，不要等到年龄大了，要是不要呢，就下定决心不要后悔。

　　我们俩的收入也就是普通的工薪阶层水平，双方家庭也都是普通得不能再普通的。我们俩的生活全靠自己携手打拼。想想要个孩子，从时间到开销都是不小的压力，但是巨蟹座的我，最终还是觉得自己有一天老了会后悔没要一个孩子，于是和老公商量过后，决定还是要有一个宝宝。

　　十个月的期盼，终于在2007年11月26日迎来了一个七斤六两的女儿。怀孕时就一直想要一个女儿，私心想着她长大可以和我一起逛街玩耍，可以给她买漂亮裙子，也可以给她梳各式各样的发型，现在果真就生了个女儿，我和老公共同决定为她取名"如意"，因为她的到来正好如了我们的心意。如朋友所说，孩子是自己的好，自如意出生以来，我们彻底改变了对孩子的看法，每天看着、抱着、哄着，像是得了个宝贝一样爱不释手。但是如意出生后，我每天在家一直处于昏昏沉沉地随时睡觉、随时喂奶、随时吃饭的状态，早已经顾不上过什么节日、纪念日。那一年情人节的晚上，平时从不懂浪漫的老公下班后居然捧回了一束鲜花，羞涩地对我说这是我当妈妈以后过的第一个情人节，所以，整束花大都是玫瑰，但是中间还放了三枝康乃馨，因为马上我当妈妈就满三个月了，我以后也可以过母亲节啦！刚刚成为新手妈妈还处处慌乱的我根本没有期盼过这个情人节，甚至说根本顾不上想哪天是情人节，更没想到会收到花，当我看到这束花的时候，浑噩的内心突然泛起一阵温暖。看来要一个孩子还是很幸福的。

为了记录下如意成长中的美好瞬间，我们特意去买了个相机，老公从如意出生一直到百天，每天都为她拍许多照片。如意百天的时候，我们既想为她留下个纪念照，又不愿意烦劳别人来家里，也不想把她抱出去拍照折腾。我和如意爸爸决定自己来拍百日照。百日当天，我们把家里的电暖气开到最大，时值冬末，天气还很冷，我们却把卧室里弄成了穿短袖也没问题的温度，拿出家里的各种毯子铺在床上，我还特意准备了小蝴蝶结发卡，夹在如意其实根本没长多长的头发上，买了几件颜色各异的小裙子。如意爸爸当起了摄影师，我则做起了造型师和摄影助理。爸爸为了拍出如意各种角度和姿势的照片，把如意放在床上，然后他就各种跪着、趴着甚至搬椅子站在上面，在屋里举着相机上下翻飞地一通按快门。我呢，拿着各种摇铃、毛绒玩具吸引如意的注意力让她看向镜头。虽然我们的技术都不够专业，但是照片数量很多，最终在几百张照片里，还算是选出了几张满意的。如意爸爸看着一张张照片上可爱的如意，感叹当初的决策对了，要一个孩子确实很幸福。

四个月的产假休完，就要回去上班，刚一回到单位就接手公司的一个大项目，还要出差，已经休了几个月的假期好不容易回来，领导们也都期盼着你能马上把工作接起来，虽然只是出差三天，但我依然犯愁。为了这短短三天的出差，我开始做着各种准备。让如意爸爸回家来多哄一哄如意，晚上睡觉的时候也多是让他陪睡，小家伙倒是挺乖，谁哄都行，只要有安抚奶嘴，睡着就不是问题。几天下来，我很放心。虽有不舍，但是为母则刚，靠老公一个人的工资养我们三个人还是不够的，我也不想做一个全职妈妈。

终于到了出差的这天。早上，我轻手轻脚地起床，不敢开灯，收拾好东西又回到房间里看看正在熟睡的如意，怕吵醒她，都不敢上前亲一下，扭头拉起行李箱准备出门。往常这样出差的日子，老公都会和我一起起床，帮我把拉杆箱提到楼下出租车里，或者亲自送我去机场，但是有了如意，我让他看着孩子，不用管我。提起行李，背上背包，蹑手蹑脚地开开门，和老公摆摆手，这一摆手，有告别，有让他照顾好如意的拜托，也有一丝失落，感觉自己和原来那个被人宠的自己也说拜拜了！

　　出差的第一天，我并没有自己想象的那么想家想如意，甚至忙起来有那么一刹那都忘记了自己还有个孩子，那种忽然恍惚想起来自己已经当妈了，家里还有个小孩儿的感觉，也不知道是开心还是失落。忙忙碌碌的白天过去，觉得出差还挺好的，忙完了还可以和同事出去吃个饭，看看夜景，感觉在家带孩子好几个月，自己都要与世隔绝了。

△"有了你，我的生活不再原地踏步"化用自——齐豫《女人与小孩》，作词：李格弟

5

但欢乐的时光总是特别短暂，半夜两点，我被手机铃声吵醒，一看是如意她爸，睡意全无，赶忙接了电话。电话接通就听到电话里哇哇的哭声，赶忙问怎么了，以为出了什么大事，结果老公说，哄睡的时候都没事，半夜喂奶的时候就感觉如意知道不是我，就不吃，哇哇大哭，我在电话这头也束手无策，就对着电话说："如意不哭了，妈妈在这儿呢。"可是这种隔空的呼唤是完全不起作用的，电话那头依然是女儿号啕大哭的声音。我恨不得马上就买机票飞回家，但是手头的工作又不能放下不管，狠心地和老公说："你哄吧，我这也回不去！"挂断电话，除了惦记闺女到底睡了没有，心理还有一丝丝埋怨老公：电话打过来，我也没办法，还搞得我心神不宁的。第二天一整晚老公都没有再给我打电话，工作忙完，我一刻不耽误地飞回家，进门看到我那三天未见的如意，她不会说话，但是看到我，满脸的笑，我的心都要化了，抱起来就不愿再撒手。过了一会儿，忽然听到她啊啊的声音，孩子嗓子哑了，我眼泪都要下来了，这两个晚上她是哭了多久，心疼得我再也不想出差了。

　　在如意上幼儿园之前，我们和很多家庭一样，老人白天帮忙照看孩子。姥姥和奶奶轮流带孩子，带到上幼儿园，虽然二老年龄都不小了，但是都坚持帮我，这才让我得以安心工作，这也是诸多中国家庭有了孩子之后的一种生活方式吧。

　　姥姥照顾如意无微不至，如意出生是十一月底，没几个月就要过年。那时候还没有禁放烟花，一般大年三十的晚上，鞭炮声音就大到在屋子里说话都要听不清的程度。姥姥老早便开始担心过年放鞭炮的声音会吓到孩子，先是把家里的婴儿床蚊帐支起来，在蚊帐上面捂上了几床被子，想着过年那几天如意睡在里面可以觉得声音小一些。把被子都捂好，还把头钻进蚊帐里试了一会儿，觉得空气好像不大好，怕憋着孩子，作罢又想新招数。

也不知道她从哪里找来了一块大长板子，把长板子搭在了我们家洗手台上面，板子上面铺了好多层被子、褥子，洗手台的房间远离窗户，还可以关上门，虽然距离卫生间近了点，但总比吓着孩子要好。这下姥姥安心了，大年三十的晚上，如意睡着了，我们就把她安顿在临时床铺上，果然晚上爆竹声声不绝于耳，洗手台虽然远离窗户，但还是可以听到很大的声音，还在担心如意的姥姥发现，这孩子睡得根本不理睬什么爆竹声，姥姥这才放心，把她抱回小床发现她依然睡得香甜，姥姥才安心睡觉。女儿的第一个春节就这么在姥姥的担心之后度过了，真是隔辈亲啊。

自从有了如意，家里的电视就成了摆设。闲来无事最爱看电视的姥姥都不看了，把时间都留出来给如意做了各式各样的小衣服，钩了各种小袜子、毛背心。看到这些，我又想起了小时候，妈妈总是能用姐姐的旧衣服，或者长辈的旧衣服给我改造出一件新衣来，再绣上朵花，着实让同学们羡慕。现在姥姥的手艺又有了施展之处，经常我早上上班，下班回来她就变出一件新衣服。夏天热，遛弯又怕蚊子咬，姥姥分分钟就做出一件薄纱裤，让我这当妈的自愧不如。有些时候我买的衣服姥姥看着不合适也会动手改，有件小格子衬衫，前面的衣襟故意做得很长，穿上之后，可以打个结，酷酷的，结果没穿两天，回家就发现被姥姥给剪齐了，当时的我是哭笑不得。如意七个月之后，我们让姥姥歇歇，换奶奶来接棒照看。奶奶又是完全不同的育儿风格。奶奶首先给我画了个表格，让我照着打印下来，上面有

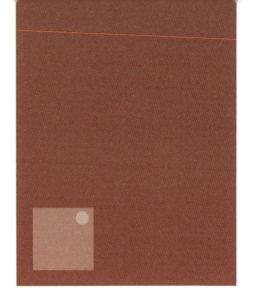

如意早上起床、吃饭、午睡、出去玩等各种项目，每周打印出来一张空白表格，奶奶会记录如意的起床时间、吃饭时间、吃了些什么、几点出去玩、去了哪儿、几点回家、几点午睡，详细得让我汗颜，自己都没有这么仔细地对待过如意。奶奶说这样记录下来方便查看变化，比如不舒服了也可以看看吃了什么东西，最重要的是表格下面还有个备注的空白位置，是记录如意当天有什么特别的事情。比如"今天会叫妈妈了""今天亲手摸了大树的树皮""今天第一次玩滑梯"等各种成长中有趣的事情。有时候奶奶还会把这些趣事整理成文章记录下来，奶奶还有一个木头刻的小红旗印章，是老公小时候的，现在又拿来给如意在表现好的时候印上一面小红旗，以示鼓励。

一岁都有抓周的习俗。我们特意和朋友借来了黄杨木雕刻的抓周用具，奶奶对于这个环节相当重视，把抓周的各种象征性的物品摆在床的一头，把如意放在了床的另外一头，让她爬过来随便拿，如意毫不犹豫地爬过去，一手抓住了书简，奶奶开心得直鼓掌。她当了一辈子老师，最希望孙女抓这个了，也许从那一刻起，我们便开始了对如意未来的憧憬。

有了孩子，晚上的时间基本都属于家和孩子了。下班就接手照看如意的任务，让老人歇歇，但是到了年轻人的节日，如意奶奶就会说："我给你们看着如意吧，你们俩出去吃个饭，逛一逛。"有了孩子第二年，我和老公一起出去吃饭过了情人节，可能对普通人来说这不过是很普通的一个节日，但是对于很久都鲜少出门的我来说，这已经是超级幸福的事情了。

我很感激如意奶奶的开明，都说婆媳不好相处，在如意奶奶家住了近两年，我们之间并没有什么不愉快。这主要是得益于如意奶奶理解我又工作又带孩子的不容易，也理解年轻人的生活方式，还能够接受现代科学喂养的方式。老人家当时也年近七旬了，我也明白带孩子的不易，尽量多做一些，让老人能休息。

奶奶每天都会听广播，那一年，奥巴马访问中国，新闻里说中国宴请他"四菜一汤"，一道凉菜，热菜有中式牛排、清炒茭白芦笋、烤红星石斑鱼，一汤是翠汁鸡豆花汤还有一道饭后甜点。我听到后就把这份菜单记了下来，奥巴马访华的下个月就是如意奶奶的生日，我说生日宴由我来准备。按照菜单去采购了所需食材，回来就开始在网上查询做法，像不像，三分样吧，也不知道具体制作方法，反正做出来是大概相同的样子，做好了才告诉奶奶，这是按照接待奥巴马的菜单准备的生日宴，奶奶特别开心，为此还写了一篇文章做纪念。我想老人其实要的更多的是儿女的一份心意吧。

如意两岁生日，我们想先来试试她是不是有潜力当艺术家。我准备了一大张水彩纸，提前裱在了画板上，生日那天，把画板放在了地上，又准备好了很多颜料，挤在调色盘上，买了画笔、准备了涮笔筒，给如意穿上小围裙，如意看着这么大一张白纸，有点"蒙圈"。

　　我告诉她："如意，这张纸今天归你了，你喜欢哪个颜色，就用笔去蘸那边的颜料，然后画到纸上，怎么画都行。"

　　如意像是知道了我们的意图，非常开心地拿起笔，去选颜色，她的小手拿着画笔显得画笔还有些大，她大把抓式地握着笔杆，直接杆到颜料盒红色的那个格子里，我赶忙过去扶着她的手腕："如意，这样，把毛笔的毛都抹上颜料，我们再画，太多了会滴到地上，蘸好了还要在颜料盘的边上刮一刮，这样，好啦！"

　　如意学着我说："好啦。"

　　我拉着她就来到了地上的画板前："画吧，这张纸你随便想画在哪儿都行！"老公站在边上举着相机，期待拍下这人生重要的一笔。

　　如意蹲下来大笔一挥就在纸上抹了一道，怕她的画笔太脏，我就成了负责涮笔的，如意就这样抹来抹去，各种颜色交叉混合。

"如意把没有颜色的地方画上颜色，有颜色的地方就不要抹了啊！"眼看本来很漂亮的色彩，就要被她抹来抹去，混得脏兮兮了，赶忙叫停。

如意的手还是没有那么稳，尤其是空白地方越画越少的时候，我看看情况及时拉住了她。

"好啦，咱们完成作品啦！"再不拉住，我觉得这张画就会成为一锅粥。如意意犹未尽还想画，我赶忙把画板拿起来，给了她一张其他的纸，让她再抹上几笔剩余的颜料。

画晾干，找了一块颜色比较丰富的部分裁了下来，作为两周岁纪念。

从如意抓周，到和我学英语，再到人生的第一幅画作，我和老公开始憧憬如意的未来。老公觉得应该带如意行万里路，一路走一路学习，带着她旅行，地理、历史、诗词歌赋都可以从旅行中学到，这才是学习，才会融会贯通。我也有过自己教的想法，不是说有的明星的孩子就没上过学，就是自己教吗？未来的社会也不是非要有学历吧。也想过，我们能不能移民，让孩子接受西方的教育。老公看着周围朋友的孩子一到周末就要去各类补习班，家长和孩子都不得休息，觉得那该是什么样疲惫的生活啊？简直无法接受！不过这些也都只是我们俩睡前的感慨，面对行万里路的学习，我们俩该谁带着孩子去行万里路呢？剩下的那个人来赚钱够不够三个人的开销？家里两边都有老人，年龄也都大了，移民是不可能丢下他们不管的，且不说移民需要多少钱、好不好移民，就算真移民了，我们俩靠什么继续生活呢，毕竟我们不是家财万贯，到哪儿生活都需要赚钱养家。再想想我这英语水平，唉，就不想了。在家自己教，脱离了集体的学习和生活，孩子可能会不善于沟通吧？想过一遍之后，一切都变得那么现实，我和老公一起思考，其实人成长的过程就是不断学习的过程，学习的过程没有不辛苦的，但是如何让如意学得不痛苦，这是我们能做也应该做的。

想着想着，脑海中就出现了我小时候学认表的画面。小小的我被妈妈抱起来放在桌子上，眼前是一个方形的五羊牌座钟，蓝色的表盘，三个银色的指针像对我挥舞的剑一样，妈妈怎么给我讲，我都无法理解这三个指针之间的关系，以至于只记得一根小筷子在我眼前挥舞，不记得有没有敲在我头上了。

之所以对这个画面记忆如此清晰，就是因为这对我来说，是一个痛苦的回忆，不知道多久之后我终于认识了表，但那并不是筷子的效果，或许是我的理解能力到了可以理解三个指针的程度了吧。所以现在我觉得，对如意不能揠苗助长，即使遇到问题也要去找更好的方式来引导，尽量把学习的痛苦感降到最低。

转眼，如意也到了认表的年龄，我翻出家里几个没扔的牛奶箱子、快递盒子，拆开了铺到地上。

"如意，把你的蜡笔拿出来好吗？咱们俩玩个游戏！"

"什么游戏啊？"

"我们来画 1 至 12 的数字，你来涂色，涂好了我们去楼下的大树下面玩好不好？"

"好啊，我去拿蜡笔。"

如意去拿蜡笔，我便开始用铅笔在纸箱子上画出大大的数字，每

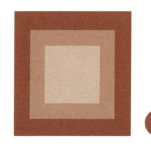

个数字都比 A4 纸还要大，画好一个就用剪刀剪下一个。

"如意，给，你可以涂色了。"

"好，妈我可以涂什么颜色？"

"你涂什么颜色都可以，每个数字颜色可以不一样，一个数字上很多个颜色也可以。"

如意接过大大的数字"1"，趴在地上开始涂色，我也趴在地上继续画剩下的数字。

如意边涂边问我："妈妈，我们一会儿怎么玩这个数字？"

"你先涂吧，涂好我再告诉你。"

"现在告诉我吧。"

"好好好，一会儿我们拿着这些数字去楼下那棵大树下，大树下不是有一圈圆的是土地吗，咱们就去那儿，把数字摆成咱们家表的样子，咱俩就当表针玩。"

"妈妈，我们怎么当表针啊？"

"快画你的吧，我这都又剪了两个出来了，你一个还没有涂完，赶快涂好不就知道了。"

"哦。"

如意加快了小手的频率，趴在地上用力地涂着，一个绿色的"1"，橙色的"2"，各种颜色混搭的"3"，蓝色和粉色的"4"，我剪完了"12"，也帮她一起来涂色。

我拿起一个"6"："如意，这个你觉得涂什么颜色好？"

"妈妈六月生日，您来选吧。"

"好吧，那我涂粉色啦！"

心里默默地窃喜了一下，这个小家伙还记得我是六月的生日。

就这样，两个人忙碌了一阵，终于把所有的数字都涂好了颜色，我找来一个大的手提袋，把数字都装好。

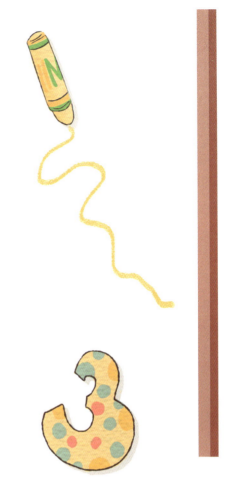

"如意，走，我们出去玩！"

"我要提着！"

于是，如意伸手向我要装着数字的口袋。

"好，给你，不过下楼梯你要好好走啊！"

伸手把装着数字的口袋递给如意，她像得了宝贝一样，提着口袋，穿鞋也不放下，就在手腕上挂着。我们手拉手一起来到大树下。大树的根部留了一个圆圈的土地，其余的地方都铺上了地砖，正好像一个表盘。

我把数字倒在地上。

"如意，我们一起来摆数字吧，帮我找出 12 和 6，我来摆 12，你在 12 对面摆上 6。"

"12？好，找到了，妈妈，给！"我接过来，摆在了大树圆圈的随便一个位置。

"6，在这儿，妈妈，我摆在这里对吗？"

"对，就那儿，但是你放反了，要和我的 12 一个方向。"

"哦，这样？"
如意把数字掉转好方向。

"对！"

"如意，再把 9 和 3 找出来，你知道摆哪儿吗？"

"9 摆这儿 3 摆对面，对吗？"

如意指着圆圈左右的两个位置，我拍手表扬她："对，那你来摆吧。"

她找出 9 和 3，摆好。

"剩下的中间按照顺序缺数字几你就都知道了吧？都归如意来摆了好不好？"

"没问题！"

如意一手拿了几个数字，围着大树开始摆。不一会儿就摆好了。

"妈妈！我摆好啦，咱们开始玩吧！"

"好！先给你说规则，你当时针，我当分针，我说几点你就站到数字几，我说几分，我就站到数字几。两个数字中间呢一共是 5 分钟，咱们最先摆的 12 到 6 就是半小时，6 再到 12 也是半小时。"

我指着地上的数字和如意说。她仿佛听懂了，说行！

"那我们先来试试，12 点 5 分，你是时针，就站到 12 那儿。"

如意一蹦就跑到了数字 12 的位置。

"妈妈我站好啦！"

"非常棒，我是分针，12 点 5 分，我就站在 5 分钟那儿，哪儿是 5 分

14

钟知道吗？"

"5 那儿！"

"不是 5，分针是两个数字之间就是 5 分钟，比如 12 到 1，中间就是 5 分钟，12 到 2 就是 10 分钟，12 到 3 就是 15 分钟。"

"那妈妈站 1 那里。"

"好，妈妈站 1，你看，你是时针，我是分针，咱俩现在的时间就是 12 点 5 分。"

"如意说一个时间，咱们换过来，我当时针，你当分针。"

"好，我说 8 点 5 分。"

然后我跑去数字 8 的位置，如意跑到了 1 的位置。

"那该我说数字了，11 点 10 分。"我这次提升了难度，看看她能不能找到。说完，我自己跑到了 11 的位置等着她找位置。

如意没有犹豫，自己就迈了一步站到了 2 的位置。我故作惊喜：

"哟，不错啊，这么快就找到了！"

如意一脸自豪地蹦起来：

"该换过来了，我当时针，妈妈当分针，4 点 28 分。"

说完，她就自己站到 4 的位置，等着我找 28 了，看来这是要难为我了。

我假装找不到，开始从 12 那儿数，指着 12 到 1，1 到 2……

"5、10、15、20、25、26、27、28，就这儿了！怎么样，没难倒我吧，该我了，6 点半。"

我心中暗自偷笑，站到了 6 那儿，她也跑过来站到了 6，我们俩一下抱在了一起，哈哈大笑起来。

就这样，我们俩在这棵大树下，完成了我小时候坐在桌子上的认表过程，看起来她玩得很开心。长大了，不知道如意是否还会记得和我在这棵大树下玩耍的过程，希望这是一个属于她的美好的回忆！

当然这也是我在如意成长之路上开启的第一个尝试，尝试从她的角度陪她长大。我的心里不禁有点小兴奋，忽然发现了要一个孩子的好处，那就是我一生可以拥有两个不同时代的童年。

# 第一章

## 默默地投给你，爱的诗篇

——英语学习

# 哪家的孩子不上学，
# 只有你自己最了解

　　如意三岁半，我和她爸就决定去扫一扫市场上的英语培训机构，先是和亲戚朋友咨询了一些口碑比较好的，选了几个去试听，但是并没有和如意说让她去学英语，而是说带她去个好玩的地方。有一家机构给我们留下了非常深刻的印象，那里有个大大的屏幕，屏幕的最下面有很多散落的星星图标，小朋友去点住星星，向上一划，松开手，星星就挂到了屏幕最上面的天空图案上。这让我一个已经当妈的人都觉得很好玩，如意自然也喜欢上了这个好玩的地方。

　　试听结束后，我和她爸都认为这家不错，就问如意："这儿好玩吗？"

　　如意一脸开心地说："好玩。"

　　我说："那以后常来玩好不好？"

　　她没有一丝迟疑地说："好！"

　　就这样，我们报了如意人生中第一个课外班。决定报这个班的另外一个原因是当时试听老师的一句话，当时她说，我们不是来教孩子"如何学英语"，而是教孩子"如何用英语学"的。这正是我和她爸对孩子学英语的目标，让孩子多掌握一种技能，可以让她的世界变得更宽广。

对于班里的两个英语老师，我们也由衷地觉得能够遇见他们很幸运。一男一女，一到课间，一群四岁左右的孩子，争相往男老师身上爬，要抱抱；女老师经常会把流行的、有意思、节奏感强的英文歌曲教给孩子们听，还在班里配着歌曲跟孩子们跳舞，让那时候还不到四岁的孩子就知道了 Lady Gaga，high 得不行。上英语课也真的让她觉得最好玩，以至于有时候我们会用不让去英语班来要挟她。比如晚上有英语课，中午这个小朋友就开始找各种理由不睡午觉，每次我困得不行的时候就拿出撒手锏："如意，你再不好好睡午觉，晚上别去英语班了！"她听了之后不管正在干什么，马上就会放下手里的东西跑到床上，乖乖地躺好睡觉。虽然这样看上去我这个当妈的很狡猾，但通过这个举动我也确实觉得很欣慰——女儿对学英语这件事并没有抵触，反而很有兴趣。

　　忽然有一天，如意有点不愿意去英语班，又没说是因为什么，我以为是她过了那个新鲜的劲头，所以还是劝她去了。再下一次，我只能用平时都不让吃的肯德基来诱惑让她去了。可最后竟然到了连肯德基也不能诱惑的程度，我没有逼迫她去，就停了一次课。

　　那天，在家里我和她一起坐下，用很平和的语气和她聊天："如意，为什么不喜欢去英语班了呢？我知道你特别喜欢去啊。"如意抬头看看我又低下头，等了很久，她才说是因为有一个男孩总是去摸她的脸，她不喜欢，躲到墙角，那个男孩也会追着她。我有点后悔没有早点追问到底为什么，拖了这么久才追问真正的原因。我告诉她是男孩子不对，妈妈会想办法告诉男孩子不能这样做。

△"哪家的孩子不上学，只有你自己最了解"化用自——齐豫、潘越云《轨外》，作词：三毛

不过，我并没有马上就和她约定下次上课时间，而是悄悄地买了一套她非常喜欢的 Hello Kitty 的项链和小手镯。又给英语班的老师打了电话，和老师商量这套礼物算是老师送她的，理由是因为她没有去上课，老师非常想她，买了礼物等她来上课。

　　另外，我和老师商量，让那个男孩子和如意分开坐得远一些，下课的时候注意一下不要让男孩子再去追着她。回来后我和如意说："老师给我打电话了，说非常想你，给你准备了礼物，希望你去上课，而且保证不让那个男孩追你了，妈妈也会陪你去上一次课。"

　　就这样如意答应了，再次来到了课堂，一进屋，老师一脸欣喜地看着如意，抱起她说："Hi，Mandy，你上周没有来，老师很想你呢，你看我给你准备了什么？"

　　如意顺着老师手指的方向，看到那套粉色的 Hello Kitty 的项链和小手镯的礼盒就放在她的桌子上，老师放下如意，让她自己去拆开礼物。老师蹲下来，和她一起把礼物打开，给她戴上，老师问她："Mandy，喜欢这个礼物吗？"

　　如意点点头，说："喜欢。"然后老师给我搬了一把椅子，坐在了如意旁边，那个男孩子，坐在了挨着门的座位头一个，助教老师随时可以看着他。下课的时候，我也去找男孩说让他不要再去摸女孩的脸追着女孩，但是我看到他一脸不屑的样子，后面又加了一句，再让我发现我会来揍他一顿。

从此，如意又开始了愉快的英语学习之路。每次想到这个小插曲的时候，都很庆幸我多问了几个为什么，了解到了真实的情况，也感谢那个老师非常积极地配合我，解决了这个问题。否则，也许就因为一个不相干的原因，让孩子错过了这样的学习机会。

　　说到这儿，想起来一个朋友曾对我抱怨的事情。一大早朋友发来微信就向我抱怨，说早上揍了孩子几下送去幼儿园了，原因是大夏天孩子穿裙子还非要穿条秋裤去上幼儿园，怎么说都不行。我问她有没有问为什么，她说没问，还能为什么，就是矫情呗。我建议她晚上接孩子的时候耐心问问。结果到了晚上，她非常感慨地和我说，她问了，孩子和她说是因为午睡的时候觉得躺下会露出小内裤，穿上秋裤就不会露了。孩子已经有了这样的小心思，真的是很好啊，该表扬孩子，并且可以给孩子带上一件稍长一点的短裤或者薄薄的纱裤，和孩子道歉早上错怪她了，并告诉她下次可以把理由和妈妈说清楚。可见多问一句为什么，对于孩子来说有多么重要，很多事情我们有可能错怪了孩子，也错过了一个好的解决事情的办法。

# 曾嬉戏于英语的魔法大森林

　　当学了一段时间英语之后，如意开始有了自己的想法，觉得自己会说很多句子了，就要求我们回家之后不许说中文，都要说英文。还好我和她爸的英语水平对付一个幼儿园的孩子还算可以，爸爸还开始了英语小游戏，比如夏天，我们喜欢一起到小区里散散步，走在楼宇之间，有很多墙壁被喷印了通下水道的电话号码，爸爸就停下脚步，站在电话号码最多的一面墙的面前，指着电话号码，低头和如意说："如意，我们来做个游戏怎么样？我来随便挑一个号码读，你根据我读的找到读的是哪一个号码，之后就换作你来读，爸爸和妈妈来找怎么样？"如意兴致盎然地开始了游戏，爸爸开始读"six eight eight one……"，如意跟着"6881……"，我站在一旁当裁判："可以啊，都对了，好，如意来读，爸爸找。"我们三个人轮流玩，这样就不会数字只会按照顺序背。或者如我们一样，听一个电话号码，只能记住前三位，只在心里翻译，导致后面的几位没有听到或者没有听清。我们还用同样的方法读车牌号码，又是字母又是数字的穿插，这样的游戏如意特别喜欢玩，因为我们从来没有去考她，而是一起做游戏，而且是有我们参与其中的游戏，并不是考孩子。有时候我们也会找错，大家哄堂一笑，赶快纠正，不过这才是乐趣，更是和孩子交流的方法之一。

　　经常这样练习说英语，我们还闹过小笑话。一次走在楼道里，一家门口放了葱，走到这些葱旁的时候，老公问："如意知道这是什么吗？"她本能的反应就是用英语这个怎么说，结果如意说："不知道。"老公说："这是葱你都不认识？"如意说："中文啊，中文葱我知道，我以为是问我英文呢。"我们仨在楼道里就哄堂大笑，然后爸爸赶快用食指放在嘴边——"小点声"，三个人捂着嘴回家，还没忘把"葱"的英文查了一下。

除了培训班里的主要课程，我们还鼓励她参加培训班里组织的活动。有一次有一个主题为"我是小老师"的视频比赛活动，要求孩子以老师的身份录制一个视频。我和她爸商量要做点有意思的视频，我们俩就带着如意开始设计这个课程。台词不能太难，最好还要用上她学过的内容，所以我想用她学过的形状来组合不同的物品，比如：两个小圆加一个大圆可以摆出一个米奇头像外形，三个大小不一的长方形摆成几个高楼，两个三角形和一个长方形可以摆出一个糖果，两个圆形加两个长方形可以摆出一辆小汽车。图形从单一到多种组合，最后各种形状都放在一起组合成了一幅画，上面有房子、小汽车、花朵，还有太阳等等。我们让如意当一个魔法老师，把这些基本图形变成米奇、汽车、高楼……

看起来很简单的事情，实际操作起来却相当复杂。先说如意的造型，我们找了儿童的装饰框架眼镜，给如意戴上，让她像一个小老师，准备了一根荧光棒当她的魔法棒，找了一个皇冠发卡，准备了一条红色的裙子，同时准备她的词。她的水平还不能自己就把这段说清楚，我们写好发给老师，又让老师给梳理修改了一下，打印下来，给如意先练习着，自己背熟。背词这个事可能是很多家长头疼的事情，我发现如意背词更偏重听力，也可能因为她当时认字有限，对于看字背诵还不是很敏感，我就自己读下来，用手机录音，没事的时候给她放着，哪怕她在玩玩具，给她放着听，也是有用的。有老师了，有台词了，没有学生，我和爸爸就当学

生吧，还在家里找了一些毛绒玩具，问题正确可以奖励。那些图形我都用彩色卡纸剪好备用。

一切准备就绪，我们特别找了一个休息日，拉了一个装满各种道具的大拉杆箱，去她爸爸公司的会议室开始录制。会议室墙上开会用的白板就当如意老师的黑板，我和爸爸就是她的学生，录像、场记、道具、化妆，反正除了如意演员之外的，我们俩都干了。

我们先给如意都打扮穿戴好，让她变身魔法老师，再把彩色的图形拿出来分类放好，摄像机架好。怕如意忘词，我还带着电脑，爸爸把字调得很大，可以当提词器。一切准备就绪准备开拍！

看事容易做事难。电脑正对着如意，挡镜头，不正对着，如意的眼神会飘在一侧，放高了、放低了眼神都不对，没专业设备还真是不方便，但也没办法，最终垫书啊本啊，调整到了一个合适的高度，让如意能看提词，又相对目光比较正。我们给如意设计了魔法咒语"Mandy，Mandy，magic"。开拍第一组镜头，我把一组三个绿色三角形贴在白板上，如意举着"魔法棒"开始讲"I have three triangles，they are green"，然后举起魔法棒画圆圈说出魔法口诀"Mandy，Mandy，magic"，暂停，我跑去把三个三角形竖着摆起来，成了一棵圣诞树，继续录制，如意说"We can make a Christmas tree"。我和爸爸"哇——"地回应。就这样我们录了长方形变高楼、圆形变米奇、长方形和三角形变糖果、三角形和圆形变冰激凌、圆形和长方形变小汽车，最后把所有图形都放在一起，做成了房子、雪人、圣诞树、太阳构成的一幅美丽的图画。其间录了停，停了录不知道多少遍，但我们仨都没烦，折腾了一个上午才把所有素材都录好。回来后我们把录制的素材一段段看，标好需要的视频的时间节点，又找懂技术的朋友帮忙做了剪辑，最终经过两周的准备、录制、剪辑，这段名为 *Mandy Mandy magic* 的视频出炉了。在图形变成组合图案的时候，朋友还给加了特效，魔法棒一挥舞，在金闪闪的星星之后，图形就按照我们台本里写的那样变出来了。直到今天，我都非常清晰地记得这段视频的内容，虽然最后我们的作品也没有获得什么奖项，但是如意知道了录制一个视频需要准备很多道具，需要台词，需要我和她爸爸这种群众演员，需要剪辑、配乐。短短几分钟的内容，我们一起准备了那么久，她也过了一回女一号的瘾，在这个过程中收获的经验早已远远胜于得到什么奖项！

三年级的时候，学校有外国友人来参观，如意被选为讲解员，学校提供的讲解内容是中文的，外国友人自己带了翻译，每讲解一段结束，外国友人会问翻译一些问题，翻译再用中文告诉如意，如意发现自己其实可以听懂的，当外国友人再提问题时，她便用英语直接对问题进行解答和说明。活动结束后，校长自豪地和我说起这件事，说孩子表现很好，不仅中文讲解得好，还主动用英文沟通。我深感欣慰，在这样没有商量、没有计划的情况下，她能够主动交流正是我们希望看到的。这也让她找到了学外语的乐趣，发现了会外语的好处，而这些都成了她学习外语的动力，一直良性循环着。

△"曾嬉戏于英语魔法大森林"化用自——齐豫《雨丝》，作词：郑愁予

# 那是挤满着欢乐和期望的课堂

近两年线上英语课程逐渐流行，我觉得这是个很好的学习方式，尤其是可以和身在美国的老师直接对话，减少了来回路上的时间，于是就选择了一家线上课程机构上课。对于这样开放式的学生选老师的形式，我和如意决定开始几次课作为试水。我们俩一起选了年轻的男老师和女老师，五十多岁的年长的男女老师，包括不同肤色的老师。试听过几次之后，女儿和我都喜欢一个五十多岁的奶奶，她叫Donna，她和蔼可亲，而且每次课后的评语都写得非常详细：学习了什么，哪部分学得好，哪里需要提高，有时候还会发一些视频链接、书目推荐给我们看。我们开始预约这个老师的课，起初如意面对她的问话只喜欢点头、摇头，后来每次上课我都坐在她身边，看到她们的课件里面提到了某个东西，家里如果正好有，就找出来让如意和老师分享。有时候，在课前我也会想一个中国特色的主题，让如意给老师介绍。开始时有很多句子她都不会说，我就翻译好给她，会读就照着读，不会就直接给老师看。老师看懂了，非常开心，如意也觉得找到了分享的乐趣，慢慢地，不用我去准备，她自己就会和老师分享一些生活中和学校里有意思的事情。

　　学校举办运动会时，如意说她表演了中国传统的功
夫扇。Donna 说不知道功夫扇是什么，如意就去书包里
找出功夫扇，我举着 iPad，让老师看到如意的全身，如
意挥舞着功夫扇，一边做着动作，一边扇子就在手里时
不时地打开、合上，发出啪啪的响声。Donna 老师看得
目瞪口呆，张大嘴巴，我想我们又加深了一下老外都以
为所有中国人都会武术的想法。表演完毕，老师简直像
是看了什么不可思议的演出一样，在镜头那边鼓掌欢呼。
虽然我们的课经常会因为这样的小插曲而耽误几分钟，
但大家都觉得值得。我和老师说有些不重要的内容，觉
得如意已经掌握的可以缩短一下时间，我愿意如意去分
享这些她想表达的东西，这才是我让她上这个课的目的。

别人家的孩子都是过节休息不约课，而我们是越到节日，尤其中国传统的节日越会约课，希望跟老师聊聊中国的各种节日文化和美食。

过中秋节，我准备了整盒故宫版的月饼。如意举起月饼盒对着摄像头，告诉Donna老师："今天是中秋节，是中国的重要节日，在这个节日里，家人都要在一起团圆，一起吃月饼，这个盒子里装的就是月饼。"Donna老师既兴奋又期待地睁大眼睛，等着如意把盒子打开，如意继续和老师说："我打开盒子，盒子里有八块月饼，每个月饼上有一种花纹，您可以选择一个喜欢的花纹。"

Donna老师连连点头说好。

如意打开盒子，给老师展示月饼，把月饼对着摄像头，一块一块地拿给老师看，让老师能看清楚花纹，每块月饼上的图案均对应着宋徽宗绘制的花鸟画的局部。

老师选了印有《芙蓉锦鸡图》中一朵芙蓉花图案的月饼。

如意也很兴奋，因为里边是什么样子她自己也没有看过。拿起这块月饼，撕开塑料袋，掰开给老师看是什么馅料，尝了一口，告诉她是玫瑰流心味道的，甜甜的，有玫瑰花瓣的味道。

虽然老师吃不到，但是她也笑着仿佛吃到一样。还发出咀嚼的声音，然后说yummy！两个人就都笑了。

遇到某些特殊的节日，我们甚至整节课都不按照课件的内容来上。比如春节，我特意抢了大年三十那天晚上的课，提前很久就问了老师的衣服尺码，在店里选啊选，终于选出了一件玫红色，上面绣了花的唐装邮寄给她，并约好了大年三十晚上上课时她和如意都穿唐装，邀请老师和我们一起过春节。而且还和老师约定，那天不按照课件的内容上课，完全自由聊天。如意要给老师介绍中国过春节都做什么，有什么好玩的。相对于春晚，我们更期待着上课时间的到来，期待着看老师穿上唐装是什么样子。

终于到大年三十了，如意穿好了唐装，头发也一边盘了一个发髻，戴上红色的花，用一张纸挡住了镜头。等到

△"那是挤满着欢乐和期望的课堂"化用自——齐豫《雨丝》，作词：郑愁予

32

了上课的时间了，听到老师说"Hello"，突然把纸拿开，两个人都穿着唐装，我们一起尖叫，老师那件衣服穿着相当合身，她也是第一次看如意穿唐装，两个人都站起来，转转身，相互看看，真是太完美了。老师特意在自己身后的墙上贴上了中国鞭炮、灯笼的贴纸。如意拿出我们包饺子的时候特意留下的一张面皮、一点饺子馅儿，视频里给老师演示饺子是怎么包的。如意把饺子皮托在手里，和老师说，这是用面粉加水做成的，我把馅放在饺子皮中心，如意说这是猪肉和白菜做成的。老师远在得克萨斯州认真地看着如意把饺子一点点捏上，她的手也跟着学着捏。

其实如意并非每次都能把所有的英文说得很完美，尤其是在这种纯交流没有课件的情况下。她连说带比画，和老师说饺子需要开水煮的时候，想说水烧开了再煮却又不会说，就用手比画水开了的样子，嘴里说着"咕嘟咕嘟"，老师一边笑一边点头表示看明白了，然后告诉她英文怎么说。我还拿了一把红包，里面特意装上了崭新的100元人民币。如意举着摆成扇面形状的红包，教老师说中文"红包"，从里面拿出100元，老师惊讶地张大嘴："哇！"如意告诉她过年的时候小孩子可以收到红包。之后如意还教了老师用中文说中国人过年最喜欢的一句话："万事如意！"

如意又介绍了逛庙会，吃她最喜欢吃的北京小吃。她把图片给老师看，很多东西老师都不认识是什么，想象不出来究竟是一种什么样的好吃的，于是老师说她要去找一个中餐馆尝尝饺子，以后一定要来北京看看。

除了过节，我们连出游也要"带着老师"。暑假我们去上海迪士尼乐园玩，带着 iPad 满迪士尼转，到了上课时间，爸爸化身支架，负责给如意举着 iPad，如意负责和老师交流。正好我们在迪士尼城堡附近，就带老师看了梦幻的城堡，还看了我给如意做的裙子。裙子的纱里面我给她缝上了彩灯，天正擦黑，有个小开关在后腰，一开，裙子就点亮了，和梦幻的城堡交相辉映，不仅让老师在视频里尖叫鼓掌，还引来很多路过的小朋友羡慕的眼神。为了看烟花，我们转战固定区域去等待，如意就盘腿坐在地上，周围有上千人嘈杂地聊着天、哄着孩子、扇着扇子、吃着东西，我给如意递过耳机，她便和老师开始上课，就像在家一样，我坐在她身后，真的有点佩服小小的她。

　　当然也不是每次都可以这么幸运。四年级的寒假，一家人自驾去天津，不熟悉路线又遭遇堵车，耽误了时间，到酒店大堂时已经到了上课的时间，我们还没办理入住。偏巧准备工作没做好，iPad 还没电了，我在大堂找了一圈发现了一个电源口，试了一下还真的有电，插上电源，却发现电源口周边没有椅子，如意直接坐在地上就开始上课。我和她爸去办理入住手续，远远地看着她，心里莫名地感动，我知道是这位老师给了如意如此的吸引力，让她无论在什么环境，都可以和老师上课，不，是分享她的快乐！

# 现在好想见你，
# 有太多话想告诉你

　　可是有一天，我发现约不到这位老师的课了，所有时间都没有开放她的预约。我在评论区里给她留言并留下了我的邮箱，没过多久她果然给我发来邮件，告诉我她所在的得克萨斯州，刚刚遭遇了飓风，网络信号不能保证上课的需求，还给我发了飓风过后当地的照片，很多树木、房屋都倒塌了，甚至有一部分房屋还泡在水里。我回复她，我们会等她，等她能上课了，我们依然会约她的课。她向我要了我们的地址，不久我们就收到了她给如意邮寄的书和贺卡。那是一本介绍美国的绘本书，里面有很多美国的景点、文化知识。我也在世界地图中给如意找出老师所在的位置，一起查询了飓风的相关知识，让如意了解Donna生活的城市。等了老师一个月，终于可以约上课了，这次为了方便，我们教会了老师下载微信，添加好友，如意用语音给老师发了一段英语，老师收到点了一下，听完后在视频里惊讶地说这个太好了，没等她反应过来，如意又点了视频通话，我在上课的视频里示意Donna接听，然后两个人就在微信里看到了对方，她惊喜得几乎跳起来。我不知道美国是不是有类似的软件，但是在那一刻，我由衷地为中国感到骄傲。这样一来，有些照片和视频我们就可以随时相互分享，而且比在上课的视频画面里看得还要清楚很多。

35

想想Donna老师给我们邮寄了礼物，老师生日的时候，我决定送给老师一对故宫的掐丝玛瑙水滴形耳坠。翻了很多视频网站，终于翻到一个片子介绍掐丝这项工艺的制作过程，而且是英文版本的，我把视频地址发给老师。老师生日那天我们约好了课，把视频镜头对准了如意的扬琴，老师一打开视频，如意就用扬琴弹奏起了生日快乐歌，老师听完后开心地鼓掌，向我们表示感谢，还给我们看她已经戴好了漂亮的耳坠，说她很喜欢，她要戴着这个耳坠去参加所有重要的聚会，会和朋友们说，这是她中国的学生送她的！开心与感动之余，才发现我们在不知不觉中，已经变成了宣传中国文化的使者。

　　亲和的 Donna 老师也会和如意分享她的快乐。她休假的时候，即便不是上课时间，也会和我们相约微信视频，给我们介绍她的丈夫、外孙、外孙女。如意教小朋友们说中文"你好"。老师还给我们发她女儿钓到的一只小鲨鱼的照片，并且解释这个品种的鲨鱼是允许钓的，不是受保护的品种。她还会给我们看她养的狗，Donna说感觉自己在中国像有了家人一样，也喜欢和我们分享她的快乐！

△"现在好想见你，有太多的话想告诉你"化用自——Misia《现在好想见你》，作词：佐佐木润

有一天一大早，手机就弹出 Donna 给我的留言，她问我中国人穿衣服在颜色上有没有什么禁忌，她说她要定做衣服。我告诉她之后也没有把这件事挂在心上，很快就忘记了。忽然有一天我收到了一个来自美国的快递，打开一看，原来是 Donna 老师寄来定做的衣服，两件亲子衫，橙色圆领，每一件上面还都印着文字。如意那件上面写着"My Teacher in Texas Loves Me（我在得克萨斯的老师爱我）"。一起寄来的还有三个水杯，我和如意爸爸的水杯上写着"Someone in Texas Loves Me（有人在得克萨斯爱着我）"。我恍然大悟，老师如此用心，原来就是在给我们准备礼物。收到礼物之后的第一次上课，我和如意就把圆领衫穿上，让如意爸爸拿着杯子。Donna 老师一上线，就看到我们一家三口在她眼前呈现了她送的礼物，开心地举起双手尖叫。我们一起说："Thank You Donna！"那一刻，我们真的感受到来自地球另一端的爱！

　　身边也有朋友会带孩子上这样的视频课程，她们会问我为什么她们的孩子上了一段时间，新鲜期过了就觉得没意思了，每次都是照着课件上的文字读。我分享了我们的做法，她们看到我在朋友圈记录的这些和 Donna 的温暖瞬间，感动之余也恍然大悟，原来我们是这样"玩"的！这就是约到一个合适的老师的乐趣吧，非常有亲近感。相互了解，让孩子把老师当成一个可以分享快乐的朋友，她们早已忘记了这是在上英语课，倒更像是和朋友每周的赴约！

# 语言学习需要感受语言的乐趣

都说语言是文化的体现，要学习语言，不了解语言背后的文化是行不通的吧。不同的文化会给人不同的思维方式，我们一直希望能带孩子多了解各国的文化，只要有相关的活动，我们都会带如意去走走看看。

北京语言大学每年都会组织一百个国家的游园活动，每到举办这个活动的时候，我们都会跑去了解一下各国的美食、风情，而且不仅限于英语国家。2016 年过年的时候得了机会和教西班牙语的五爷爷学了几句西班牙语，"Hola（你好）""Adios（再见）""Gracias（谢谢）""（Eres guapo）你真帅气"。在游园活动现场，我和如意手拉手找了一圈终于找到西班牙的展位，看到一个管理展位的西班牙男孩，头发和眉毛都黑黑的，眼睛大大的，我鼓励如意去用西班牙语和他打招呼，如意倒也真的不含糊，走到摊位前，对着那个西班牙男孩说："Hola!"本来脸上没有什么表情的男孩，被如意一句西班牙语的"你好"震惊了，立刻流露出灿烂的笑容，如意紧接着跟上一句"Eres guapo"，男孩听后略带羞涩，但是笑得更灿烂了。他和我们叽里呱啦地说了一长串话，我们和他相互看了一眼，因为一句都没有听懂，只好笑着点头，然后在展位上拿了一个东西买下，最后用西班牙语说了"Gracias"（谢谢）"Adios"（再见），就这样完美地把学过的四句都用上了，开心地逃离了展位。当距离展位有一段距离了，我俩才停下来一起大笑，笑我们一句也没有听懂，也开心我们说的他听懂了，而且也感慨就是这几个词，他的表情变化那么大。这让如意也感受到了语言是个很奇妙的东西，你用他的语言和他交流就能让他马上感受到亲切。

# 第二章

## 轻轻地弹给你，爱的琴弦

——课外班的选择与坚持

# 弹琴的女孩能否告诉我，
# 你可不可以坚持

　　没有专业学过乐器的我，非常喜欢音乐，虽然看五线谱要靠从下加一线的 Do 开始一个一个地数，但是音乐对我生活的影响却非常之大。上中学的时候，顶着西北风骑车，用黑豹乐队和唐朝乐队的磁带给自己鼓劲儿。上大学的时候伴着古筝曲、排箫曲画画。工作特别累的时候听听龚琳娜的《希望》和《走生命的路》。

　　我始终坚信，在不同的时刻，听不同的音乐，可以让生活变得色彩斑斓。所以平时我看一些演出视频也会带着如意一起看，有朋友送了音乐会门票也会带着如意一起去，但我不会刻意去看某一类的音乐会。

　　比如一个朋友去给一场竖琴音乐会伴奏，送了我两张票，我带如意去感受了一下。因为平时很少能听到竖琴演奏曲，现场感受真是非常美妙。我们听到夜里九点半，如意一点也没有哭闹。

　　当然也有她不喜欢的，比如古琴音乐会，没有一定的文化基础铺垫是很难理解其意境的，年纪尚幼的她听了一首曲子就吵着要出去，只好让爸爸带着她在外面院

子里玩，我继续听。她不喜欢，我也不强求，毕竟她还小，不能理解古琴的味道。

龚琳娜老师回国后的音乐会，只要在北京，我都会带如意去听。有一次我开着车，如意坐在后排安全座椅上，我放着《走生命的路》，当时才四岁的如意竟然听着这首歌哭了，我问她为什么哭，她说："我就是听着这个曲子心里难受。"

其实她并不理解这首歌的歌词和创作的背景，只是被旋律打动。因为此事，我觉得如意和我一样，对音乐敏感，所以我和如意她爸商量之后觉得让她学一门乐器是有必要的。近些年都在弘扬传统文化，民乐也逐渐被更多的人认可，我也想让如意学一件民族乐器，刚好有一个朋友是教古筝的，我就带如意去她家里玩。朋友给如意弹了几首曲子，又给她各种花色的小橡皮、小零食，如意很是开心。

借着这个时机我问她："你觉得这个古筝好听吗？"

如意一边摸索着手里的小花橡皮，一边说："好听。"

我立马来了兴致，乘胜追击地说："那咱学这个好不好，以后经常来这儿。"

她说："不好！"

这就尴尬了。她接着说："我要学扬琴。"

扬琴这个乐器，我真是只在演出中看过，连实物都没见过，不知道她怎么就看上了这个乐器。后来她告诉我，是和我一起看龚琳娜的演出视频，有个敲扬琴的叔叔每次都坐在乐队中间，她觉得这个在中间的乐器不错。我们也真是幸运，如意幼儿园的乐器班里恰巧就有这个乐器，二话没说，便给她报了名，因为我知道，学乐器，还是得孩子自己喜欢，遵从孩子的意愿。

报名之后，每周上一次课。不过我并没有急着给如意买琴，心里想着那个琴太大了，万一她学两天不想学了，我还得想办法卖出去，所以想看看她喜欢扬琴的程度再做决定。可是回家没的弹、没的练也不好，如意的姥姥给我们出了个主意：找了一块木板，用墨在木板上画了琴弦，给如意两根筷子，就这么练，如意也没说不行，她觉得有这么个东西敲挺开心的。学了很久之后，老师和我说还是得买一台真琴，说如意每次回琴（老师教的内容，下次上课再弹）都很好，得让孩子正经地练练。我这才决定买一台真琴。

把琴买回来之前，我还和如意说："这是妈妈找一个叔叔借的，你不好好练呢，妈妈就还回去了。"另外告诉她，既然有琴了，就每天都要练习，如果同意，琴就搬回来。

她同意了，那时候她上一年级了，在卡片上郑重其事地写下了"每日练琴"四个大字，虽然字还不那么好看，但是看着如意认真的表情，我知道她一定是下了决心的。我们把这个卡片夹在了她的琴谱夹子里。琴搬回来，如意自然是非常欣喜，上上下下地打量着琴。像个写字台般大的琴，她坐在前面显得好小。如是这般，就开始了她的学琴之路。

　　扬琴课是每周一次，很多家长都是孩子学琴，家长在那里坐一节课，有的还会做记录。我和如意她爸可能算是比较懒的家长，每次把她送到老师家就离开，买买东西，或者去走一走遛个弯，到了下课的时间再去接。至于她学了什么，一定要她自己记好，不要指望回来能问我们。也可能是这个原因，她学琴的时候从不担心我们会听到老师说她的好与不好，同时她也知道自己去学了就要认真听、认真记，否则回家没人能给她复述。这样一来，反而每次去上课的时候她都学得很快很好，即使真的有时候学得时间长了，学的内容比较复杂了，我依旧是告诉她："你得自己解决，要么微信问一下老师，要么这周这一段你就跳过去。"

　　她有过一次这样的经历，回家后真的实在是记不得老师是怎么要求的了，又觉得问老师会很不好意思，我说："不会就问没什么不好意思的，没记住就问，总比一周都弹的是错的好。"她想了想确实是这么个道理，于是怯懦地打电话问老师，那声音就和受到了惊吓一样，又轻又小。我知道她依旧觉得没有记住是自己的问题，但是老师听后二话没说挂了电话就给她发来了一段演示视频，并没有批评她，她这才安心按照视频练习。可能她觉得一周不弹这一段，有点下次上课的时候没办法向老师交代的感觉。或许正是因为有了这样的经历，她才更加明白了自己得当堂学会，以免事后这么尴尬了。

如果她觉得自己最近一段学得特别好，就会让我们把接她下课的时间提前五分钟，刻意让我们听听她的成果，以及老师对她的夸赞，我们也都尊重她，去给她这个炫耀的机会，让她得到心理的满足。每次这样的时候，下课一走出老师家的门，她就会问我："妈妈你听到老师表扬我了吗？"我说听到啦，再把老师表扬她的话重复一遍，表示我很认真地听了。而后回到家，我也会和如意她爸、姥姥再重复一遍老师说的话，她一脸的得意。通常在这样的时候，她都会再去打开琴，给我们展示一下被表扬的那一段，然后说自己今天学的也很难，要再练两遍。看着她，我心里偷偷地笑，是开心也是满足。我经常会想，养孩子就像打游戏一样，要斗智斗勇，打怪升级，不停地跟着孩子的小心思前进。

虽然说是学琴，但我心里一直想：我们就是学学，陶冶一下情操，不用学成艺术家。和老师也是这么坦白地说的。我还和老师说学曲子不着急让她特别快地学完，保持她学琴的兴趣就好，考级之类的我们也不用考。没想到老师听后很开心，说难得碰到我这样开明的家长，其他家长都是恨不得让孩子赶快学会一首曲子，而且老师和我说："学琴的孩子，能坚持下来的，都是家长坚持下来的，家长的坚持不是逼着孩子练琴，而是在孩子疲惫期来了的时候帮她找到兴趣，度过这个阶段。"我似懂非懂地点头记下。

△"弹琴的女孩能否告诉我，你可不可以坚持"化用自——齐豫《弹琴的女孩》，作词：李泰祥

# 而父母是耐于坚持的

　　但事实是，如意对学琴的热情，超乎我想象的好，她每天练琴，没有让我吼过，更没有因为练琴挨过打。不过过了一年，老师说的话还是应验了。那时她在学一首叫《弹词三六》的曲子，据说是江南丝竹八大名曲之一，但是曲子长了、内容多了、枯燥了，她也开始不爱弹了。每天不催她她就不去练，磨磨蹭蹭地。我一般不会等太晚就已经开始催她练琴了，她开始时会有点不情愿地坐过去，按照要求弹。到后来是看我去忙别的事情了，把曲子中间偷偷省略掉一段不弹。再后来，我只得和她坐下来好好聊，她说得倒是很干脆："不想弹了，这首曲子一点也不好听。"

　　我说："那你是不喜欢这首曲子，还是不喜欢扬琴了？"

　　如意说："我是不喜欢这首曲子。"

　　还好，她回答的不是不喜欢扬琴了，这样就好办多了。我就去把琴谱夹子拿来给她看，上面有她自己亲手写的小卡片"每日练琴"。我把这个小卡片给她看，告诉她："你自己写的要说话算数，既然你不是不喜欢扬琴了，只是不喜欢这首曲子，我觉得你应该继续练，每首曲子都有它的作用，都是在学习相应的技巧，抓紧学完这首，你就可以换下一首了。'每日练琴'是开始学琴的时候咱们说好的，如果你说话不算数呢，妈妈以后也可以说话不算数了。下次我答应你假期带你出去玩，到时候我也会说，我最近累了，去那个地方太远了，不去了行不行？"

如意说："那不行！"

"那为什么我就一定要说话算话，你不这样呢？"

她没有办法，只好继续去练琴了。

虽然她说是不喜欢这首曲子，但我脑海中依旧浮现出老师当时的叮咛，这应该就是到了老师说的需要家长坚持的时候了吧。见她不情不愿地去练琴，我跑去搜索《弹词三六》这首曲子的介绍，又去找了名家以及其他小朋友弹奏的视频给她看，鼓励她好好把这首曲子学完。

之后，我更多的是从她学的曲子入手，比如她学《渔舟唱晚》，我便搜索了这首曲子的介绍。我无意中发现一段说明里说中央电视台《新闻联播》后《天气预报》的背景音乐就是由《渔舟唱晚》改编而来的，就继续搜索《天气预报》的视频，再和如意分享我这一"重大发现"。我们一起找这段背景音乐中究竟是她学的曲子中的哪一段，哪里又和她学的不一样。如意兴致盎然，也随之提起了兴趣，还在上课的时候和老师分享这个"重大发现"。

学习《映山红》的时候，我更是找了电影的原唱画面给她看，同时还找了合唱版本，还有流行歌手独唱等不同的版本给她听。她发现，原来这首曲子有那么多版本，风格不一样却都很好听。

学《黄河》的时候，我就找了郎朗在音乐会上弹奏《黄河大合唱》的视频，分了两次和她一起看完。很巧的是，当时她喜欢看的娱乐节目里，也正好有在黄河拍摄的环节，节目结尾就是在奔腾的黄河岸边唱起了《黄河大合唱》。就这样，她学什么曲子，除了老师边教边讲解的音乐背景外，我都会找一些与曲子相关的、有意思的视频或者知识和她一起分享，让她对所学的曲子有全方位的了解。

老师在如意开始学琴的时候也叮嘱过我们，练琴是需要坚持的，哪怕每天练习的时间都不长，也比一周只摸一两次琴的效果要好得多。但是随着年级的升高，作业开始多了，她回到家吃完饭写完作业再练琴，有时候就有点晚了，看着她有点累，我也心疼了。如何协调练琴和写作业的时间成了新的问题。后来我和如意约定的做事顺序是放学回家先练琴，然后再吃饭写作业。作业是第二天必须要交的，她无论如何都会坚持写完，可如果回家之后先写作业，作业稍微多一些，写累了，自然就不想练琴了。这样改过顺序之后，果然就好了很多，除了有作文作业的时候外，她都能够把两样兼顾得很好。

除了制定一个好的做事顺序保证练琴时间和正常的学习时间，我们还约定，即使是在应该休息的日子，我们也不能随便停止练琴。即便是大年初一，在串门拜年之前，也是要练琴的，哪怕是只弹上十几分钟也要坚持这个习惯。其他情况也不例外。

学琴第二年，一个夏日的夜晚，如意练琴正练到一半，轰隆隆的雷声响过，从没停过电的小区忽然停电了。我跑去窗外看，周围几个楼都黑了灯。想来是因为下雨打雷，整个小区的电路都坏了。可如意弹琴正弹到一半，我马上翻出多年不用的蜡烛、充电的台灯，再加上手机的手电筒功能，一起摆在琴的前面照亮琴弦，保证她能安心把琴练完。如意见我这样的举动，便继续把琴练完。这种真实又难得的时刻也被我拍照记录了下来，还专门发给了老师，老师上课也特意表扬了如意。

每当有朋友问我们有关练琴的事情，我都尽量当着如意的面来如实地表扬她的坚持。事实也确实如此，只要不生病，如意每天都会练琴。朋友们知道后，都是一脸钦佩的表情。我想在每天坚持练琴这件事上，不管是父母坚持的态度，还是老师的赞扬、朋友的钦佩，都可以让孩子觉得这是一件应该的事情，也是可以得到老师和长辈赞扬的事情，是值得她骄傲的事情。只有这样，她才会积极主动，才能在我不催、不盯着的情况下主动坚持练琴。

● ● ●

　　现在的孩子学乐器一般都是要考级的。这件事我也和如意商量过，如果她不想考，那就不考，这并没有什么关系。如果她想考，那我就给她报名缴费，但是我也和她言明："如果你决定考，那就不要让妈妈白白地浪费钱，你要尽力把级考好。"或许是因为看到一起学琴的小伙伴都去考了级，手里都拿到了一个大大的证书，心里特别羡慕吧，最终如意自己也选择了考级。我自然是同意她的选择的，而她也确实没有失信，已经拿到了十级证书，并且每次都是以"优秀"通过。

　　后来我慢慢发现，对于一个长期坚持学琴的孩子来说，是需要阶段性的鼓励的。坚持本身就是一件枯燥的事情，即便是坚持做自己喜欢的事情，也会随着时间的累积而变得枯燥厌烦。到了一个阶段就来一点新鲜的鼓励，每每都能起到重燃热情的好效果。所以，除了考级，我还会留意一些演出、比赛之类的活动，这样也算是从在家埋头苦练到了登上正式的舞台。

我从小就重视仪式感，认为仪式感是生活中的调味剂，否则日复一日没有什么变化，无聊的生活就会让人产生厌烦和低迷的情绪。所以对于如意参加比赛这件事，我也会相当地重视。为了让她演出的时候可以光鲜亮丽，我看视频学会了编各种花式的小辫儿，给她买了漂亮的裙子以及各式漂亮的皇冠、发卡。看到这样不同于平时的自己，她也非常兴奋。平时我会比较在意如意的着装，认为女孩子生活中就要穿得体的生活装，很少让她在平时穿上那些蕾丝花边的蓬蓬裙，但是到了舞台上，就要穿适合舞台的服装。有哪个女孩子没有做过公主梦呢，对于如意来说，要实现自己的公主梦，演出或者比赛就成了难得的机会，所以她愿意为了这样的公主时刻，认真练琴去参与活动。

　　而对于参加比赛性质的活动，不管她拿到什么样的名次，获得什么样的奖项，我都坦然接受。其实，她参加过的比赛，大多都拿了金奖，偶尔有一次银奖，我也不会埋怨。

　　最近一次比赛，从初赛起，我们在比赛现场的外面看里面的小朋友弹琴，就感觉很多小朋友都很厉害，如意拿着琴竹，在外面自己空敲着她的曲子，看来她也是感受到了压力。到她进去的时候，同场次的小朋友也有几个比她弹得好，边听我边问她紧张吗，她点点头。比赛结束，她走出来和我说："妈妈，我这是第一次紧张，我原来没这么紧张过，我前面那两个真的都挺好的。"果然最后她只拿了铜奖，排队领奖杯的时候，她前面的孩子是金奖，看她看着那个孩子羡慕的眼神我就知道，她其实很失望。

但是我和往常她拿金奖一样，开心地让她拿着奖杯、证书在活动背景板的地方给她拍照。我从不会因为比赛的名次低了而责怪孩子，因为名次本身并不是我带她参加活动的目的，每一次的活动都是一次经验，我希望通过一次次的舞台经验锻炼如意的心理素质，同时也满足她作为女孩子的那颗公主梦的心。何况有时我觉得拿几次低一点的名次对如意来说并不是什么坏事，这样可以让她自己看到山外有山、人外有人。

△"而父母是耐与坚持的"化用自——齐豫《菊叹》，作词：向阳

平时上课的时候都是一对一学习独奏曲目，没有机会和其他乐器配合，如意也遇到了自己学琴的瓶颈期，对于弹奏枯燥的考级曲目更是没了兴趣。所以我跟老师建议，希望能组建一个小乐队，学一些考级以外的曲子，或者是一些流行歌曲，让孩子们可以不再拘泥于考级，真正地和乐器、和伙伴玩在一起。老师听过之后欣然答应了，消息一出，很快就有家长报名，就这样，如意参加了人生中第一个小乐队。

　　扬琴小乐队每周一起上课的时间是两个小时，比单课要翻一倍的时间，但是几个孩子每次都特别开心，也期待聚在一起上这两小时的课。有的时候如意学得快了，就当小老师教其他同学。乐队分两个声部，休息的时候，她就和另外一个声部的同学把别人那个声部也学会，回来和我说我都非常吃惊。组建乐队只是我一个小小的建议，没想到激发了她那么大的兴趣和主动性。

　　有一次因为参加一个英语考试，考完的时候已经赶不及按时上乐队课了，我想那干脆就休息一次吧，结果她问我："妈妈，咱们如果去还能上多久的课？"我算了一下最多一个小时，可她仍坚持要去，面对如此积极主动的她，我怎么能残忍拒绝呢。于是，抓紧时间带她去上课，满足她的愿望。有了乐队，她回家练习的曲子也就增加了，但是给我的感觉是，不管是乐队的曲目还是单课的曲目，她反而都有了更高的兴趣。而且有了小乐队，她们也经常一起报名集体的演出、比赛，六个小朋友买一样的裙子、盘一样的发型，妈妈们一起忙碌着给化妆、搬琴，每次出行，都像个小旅行团，六个孩子演出，要有十三个大人跟着，因为扬琴实在太大太重，每一台都需要两个人搬着，再加上老师，十九个人的队伍也算是庞大的了。活动结束，大家都会庆祝一下，还可以聚餐，这些小伙伴一起说说笑笑，我们大人聊聊带娃的经验，真是不亦乐乎。

其实，参加这样的小乐队，孩子们学到的不只是新的曲子，还了解了想要整齐划一就需要一遍又一遍地磨合，互相迁就，互相照顾。有时候演奏得有点乱，就需要有人带大家一下，把大家拉回到正确的旋律和统一的节奏上来。也有时候会有因为生病不能来上课的同学，如意就会录下自己弹奏的视频发给她，确保同学不会掉队。而所有的乐队小成员也都深爱着这个乐队，生怕自己会缺席，也害怕会因为自己而影响到大家的进度。五年级的寒假，小乐队要为一个节目录音，其中一个小伙伴脚受伤，连上学都没办法去，但是为了这个录音，她竟然让家长把她背到了录音室。就是这样一群有责任心又可爱的孩子，在小乐队的作用下，变得更加爱扬琴，更加积极主动地练琴。我很庆幸当初向老师提出了组建小乐队的想法，也由衷地感谢老师，让如意和她的小伙伴们相识、相聚，共同促进、共同进步，在幼小的年纪享受到了这种天真、纯粹又志同道合的友谊。

# 后台有位女孩，
## 满怀默默歉意

　　除了扬琴重奏乐队，我还鼓励如意去尝试和其他乐器配合。所以在五年级的暑假，如意参与了一次与二胡合作的演出，这也是她第一次与其他乐器合作。起因是朋友无意中看到了如意演奏的视频，觉得她表现得不错，便发来邀约，我也开心地答应了。但是，当朋友把演出的四首作品的谱子发来时，我们才发现这里边没有一首是如意之前学过的。时间又紧，我犹豫了，有点打退堂鼓，可如意仔细看过谱子之后居然答应了。

　　当时正值我要出差，孩子她爸也不在家，没有办法，我就搬着琴带着如意一起出差。在酒店的房间里，我们把谱子用胶带粘在落地灯的灯杆上，灯打开正好照亮谱子，如意就这么开始练习。那几天我忙得白天黑夜都少有时间顾及她，只好把演出曲目的视频下载到 iPad 里留给她听，又告诉她如果饿了就几点钟可以拿着餐票去哪个厅吃饭。走出房间门的时候喊她一声："如意记得练琴啊！"然后就忙活一整天，中间一有空闲，我就赶回房间看看她练得怎么样，有没有遇到什么困难，如果有问题，我们就赶忙发信息问老师。

其实有很多个瞬间，我都觉得这是个不可能完成的任务，我和朋友说："到了排练的时候您看看现场的效果，不行的话我们就不上了，没有关系的，别给您添麻烦。"老师看过谱子之后也有些担忧，考虑再三后说："要不这样，这里边有一首曲子比较难，节奏比较快，那首可以只弹开头和结尾，中间不弹。"我把老师的意思转达给了如意，但是让我深感意外的是，她竟然暗下决心自己要坚持把四首曲子全部都学好弹下来。在与二胡配合的问题上，向我们发出邀约的朋友把二胡的音频发给我们，如意听着音频，配合着二胡的节奏自己跟着练。

终于到了彩排的日子，第一次和二胡现场配合，如意没有出现任何问题，反而是演奏二胡的同学中还有没记熟谱子的。那一刻，我由衷地为如意感到骄傲，不仅仅是因为她全都会弹了，更是因为这次的几首曲子几乎全部都是她自学的，同时还是第一次与其他乐器配合，这其中的汗水与努力，当妈的看在眼里，怎能不感动。看完彩排之后，我开始期待正式演出。

那段时间我的工作出奇地繁忙，演出的前一天，是如意她爸带着她一起收拾要带的物品。我们提前开车去了离演出的剧场近一些的酒店住一晚，方便第二天可以按时到达现场做准备。到了酒店之后考虑到琴太大太重，我和如意她爸两个人商量了一下就没有把琴搬下车，等到第二天再直接搬到演出的厅里。

演出时间是第二天下午三点半。吃过午饭，我帮如意化好妆，盘好头。我们把琴搬到后台，架好琴，打开装琴竹的小桶，顿时感觉晴天霹雳——里面居然只有一根用来敲打琴弦的琴竹。扬琴的琴竹是一手一根，需要两根。看到小桶里只有一根，当时我的头就大了。一问才知道原来是如意收拾东西的时候，把之前已经装好的琴竹又拿出来练了一下琴，结果忘了放进去，桶里只剩了一根备用的。演出的现场距离我家很远，按当时的时间来算，就算马上赶回家也是来不及的。我马上给扬琴老师打了个电话，请老师帮忙准备一副琴竹，从现场去老师家还稍微能节省十几分钟。如意她爸飞身上车往回开，我则跑去和朋友说明出了这样的问题。朋友说正好邀请看演出的人中有一个是乐器行的，他的乐器行距离演出的地方比去老师家会更近一些。我们又赶快加了那个人的微信，发了定位给如意爸爸，让他半路改变线路，去乐器行火速取一副琴竹，再快马加鞭赶回来。来回三个小时，我像热锅上的蚂蚁，不敢打电话催，怕影响她爸开车，但又着急想知道开到了什么位置，是不是堵车。这个时候转身看着如意真的是气不打一处来，她和我解释说她当时记得装好了的。一听她这么说，我更是火大，一怒之下就打了她。

"出现问题不该推脱责任，没带就是没带，你再记得装好了，可事实就是琴桶里没有琴竹！"

我异常严肃地告诉她："如果这个节目只是你个人的比赛，你可以不上，妈妈不在乎你是不是一定要参加这个活动，但是你要知道，现在活动的节目单已经印好了，上面有演出者的姓名、照片、节目顺序。如果你不上，观众会发现这个节目人数不对，本来写的是扬琴和二胡合奏的节目，因为你不上场就要变成二胡重奏了，观众不知道是因为你的原因导致节目有变化，就会认为是主办方的失误写错了节目单。"

如意被我连打带说得哭了一鼻子。我让她在后台等，朋友也劝我、安慰我，万一如意她爸不能按时到，就把节目顺序调一下，整个节目往后挪，我满心愧疚得不知道如何感谢朋友。但是万一路上堵车，不能按时赶到，这也算最好的办法了。我实在无法平静地在剧场里等，就独自跑到酒店的大门口。八月的北京，太阳暴晒，孤零零的我此时已经是内外都被焦灼着，翘首望着通向门口的那条路，能望多远望多远地找着如意她爸开的车。远远地看到她爸开的车向这边驶来的时候，我看看表，时间正合适，我就像参加百米接力一样，腿下恨不得已经开始原地小跑。当如意她爸的车稳稳地停在酒店门口，摇开车窗伸手把琴竹递给我的那一刻，我就想:如意啊，你一定要把这件事牢牢地记一辈子！

我狂奔着向演出的地点冲刺，在活动正式开始的音乐声响起的那一刻，把琴竹交到了如意手里，如意拿过琴竹，低头不语。我知道她已经明白自己错了。怕影响她发挥，我就没有再埋怨她，跑去台下等着欣赏她的演出。虽然彩排效果非常好，但是到了正式演出，我依然会为她紧张:也不知道新拿到的琴竹她适应不适应？刚才动手打了她，会不会影响她的演出？老母亲的各种担心到这时候全部涌来，直到她敲完最后一个音，我这颗悬着的心才放下，那时的我简直比自己上台还紧张。

演出的效果很好，如意完成得也相当出色。晚上，所有参与演出的小朋友和家长、老师一起吃烧烤，我带着如意去感谢朋友，还有帮我们准备琴竹的那位先生。回程的时候，我们一起想了很多办法，希望以后可以避免这样的事情再次发生，比如琴搬上车以前，一定再检查一遍琴竹在不在；车里可以放一副备用琴竹；演出开始前，琴竹都放在琴盒里，避免拿着琴竹随手放在哪里丢了。

到家，我们的心都平静了很多，觉得这一个月，如意真是不容易，虽然琴竹的事情险些导致所有的努力功亏一篑，但结果还算是好的。我觉得依然有必要鼓励一下她，不能因为这个插曲而否定她这么认真、这么努力地参加这个活动，把她的努力忽略，所以回家后我特意对她说："如意，这次你基本是自学，而且把老师提议可以不学的也都学好了，又是第一次和二胡合作，妈妈还是特别佩服你的！"如意被我说得好像也终于松了一口气。爸爸说："也应该感谢这次活动，这次活动结果是完美的，在你这个年龄的时候出现了这个问题，很多人都是可以原谅你的，如果你长大了，耽误了重要演出，那时候就没人原谅你了。所以人常说犯错要趁早，因为你还有时间改。"我和如意爸爸配合得如此完美，一下子打消了她所有的内疚，也让她意识到了问题的严重！

△"后台有位女孩，满怀默默歉意"化用自——齐豫《今年的湖畔会很冷》，作词：沈吕百

# 是谁，
# 又谱出了一首新曲

　　随着学习的曲目和演奏技巧的积累，如意开始有了自己创作的想法。而当她在某一天突然拿给我一张写了短短几小节音符的纸时，我的感动终于再难抑制。她说那是她自己写的曲子，还给这段起名为《安静》。我特意给她录了视频留存，她在演奏的时候，那颗借由旋律传达出来的纯粹、安静的心，让一个早已在终日忙碌中变得浮躁不安的母亲也随之沉静、舒缓。

　　在有了一定基础之后，她喜欢的歌曲也能自己扒出谱子，还可以自己搭配右手的伴奏。有时下午我们在路上听到一段歌曲，晚上她就能自己在琴弦上敲出这段旋律，这让我惊喜不已。甚至有时候我读一段文字，她也会从学过的曲目中节选一小段来配乐。她已经开始可以根据自己的喜好，用琴声来表达了。每一次我都表现出佩服得五体投地的样子，仔细地听她弹，当好她的第一个观众和粉丝，而不是一个每天催促、吼叫她去练琴的妈妈。

△ "是谁，有谱出了一首新曲"化用自——齐豫《三月的风》，作词：王玉萍

# 第三章

静静地捧给你，
爱的时间
——综合素质的培养

# 我随时陪着你，
# 带着你去玩耍

　　如果你是从孩子小的时候一直陪着她玩耍的，那么再简单、再无聊的游戏，她也能和你玩得津津有味。就像我和如意，我们不论何时都能一起玩。词语接龙是我们玩过最简单也最常玩的游戏，这个游戏几乎是如意从小玩到大的。小时候只是简单的词语接龙，可以同字，也可以同音。例如陪伴——办法——法制——智商，这样对于词语量掌握没那么多的幼儿来说会容易一些，而且在他们幼小的心灵当中还蕴含着许多童真、纯洁的"自造词语"，听着就觉得俏皮可爱。后来，她稍大了一些，我们就开始规定词语的起始，比如以"陪伴"为开头，结尾看谁再说回"陪伴"。再大一些，我们就规定必须是同字，不能只是简单的同音了。开车的时候玩这个游戏还可以缓解一下堵车时的郁闷，何乐而不为呢。

　　或者我们说一个类别的物品，比如说水果类，每人说一种水果，一直到想不出来。有一次，我们下车后还专门去找了个水果摊，看看是不是有我们三个都漏说的水果，然后我们惊奇地发现，居然真的有生活中常吃，我们却漏掉说的几种水果。

　　若是我们去餐厅吃饭，点餐之后还会玩另外一个游戏：拿桌子上现有的几样物品一字排开，让如意看一会儿，记住它们摆放的位置，然后她转过头，我来挪动其中几样东西的位置，让她转过来再把这些物品的摆放顺序恢复成原样。这个游戏也是我们和如意从小玩到大的，小时候可以每次只挪一个物品，年龄大一些的时候，就可以把所有的物品都换位置，锻炼孩子的观察和记忆能力。尤其有些餐厅上主菜前会送每人几份小菜，我们就把这些小菜一字排开，比如我面前的是花生米和腌萝卜，如意的也是，但同样的菜，里面的数量、颜色、摆放的形状都会有所不同，这就更增加了游戏的难度，更需要自己认真观察和记忆。

有的时候我会故意刁难，不光把盘子的摆放顺序进行调换，还会把几样小菜中的一些材料稍微换一下位置：抓一颗花生米放到腌萝卜的盘子里，再把豆腐丝夹几根放到辣白菜的盘子里……这就更加考验如意的图像记忆能力，因为单纯地依靠背诵盘子依次摆放的顺序已经不能完成考验了，但如果像照相机一样把餐桌上的图像映入脑海，再随时闭上眼睛调取记忆中的画面来和桌子上的景象做比对，就能轻松准确地发现哪里被"做了手脚"。每次玩这样的游戏，我们都不会觉得服务员上菜太慢。若是去郊外玩就更好寻找游戏道具了，树叶、石头，甚至游客扔下的矿泉水瓶，我们都可以拿来做这样的观察游戏，顺便还能帮助景区做一次环保清洁。

　　每到周末这样比较短的小假期，我都会建议如意在完成课外班的学习之后去参加一些参与感强的活动。比如学一学扎染，给自己染一条围巾，感受意想不到的惊喜效果；自己去做一把木勺，尝试把一块木头挖成勺子，只有亲身体验过才能知道原来一把普通的小勺子需要耗费那么大的力气。

# 让我们看猫去

　　除了手工活动，我更喜欢带如意去博物馆看一看。起初，如意对博物馆没有多大的兴趣，在她小小的心灵里，那些文物都那么无趣，一个简单的小牌牌上的说明并不能激起她的兴趣，远不如去游乐场好玩。对于我来说也没那么高的水平可以做到所有的展品都能给她讲解好。直到我们遇到了"观复猫"。

　　无意当中我看到一个节目，马未都先生讲他的观复博物馆里收养了三十只流浪猫，马先生把它们统称为"观复猫"，并且给这些猫都封了官，它们都来当猫馆长、猫馆员。

　　马先生希望通过"观复猫"，让孩子们爱上博物馆，还用"观复猫"的形象出版了漫画书，用漫画的形式讲文物知识、讲传统文化。我也抱着试试看的心态买了两本，没想到如意拿到手里竟看得津津有味，等她看得差不多的时候，我就和如意说带她去观复博物馆看书里那些猫咪的真身，如意一听便爽快地答应了，还特意找了一个猫耳朵的发卡戴上，还要带着书去，一一对照着找相应的"观复猫"。

　　来到观复博物馆，果然，"观复猫"都在院子里随意地溜达着，也不怕人，有的甚至会主动过来蹭我们的腿。如意开心极了，翻开书里的照片给猫咪指着照片说："你看，这是不是你？"那只猫居然真的看了一眼如意手里的书，然后傲娇地走开了，仿佛在说："有什么大惊小怪的？"如意还跟着它走，猫纵身一跃，跳到了一个石礅上，任凭我们拍照。打眼一看，这石礅应该也是个文物吧，上面刻的花纹甚是细致多样呢。我正在研究这个石礅，如意又在喊我："妈妈，你看这只是'蓝毛毛'"。随着如意手指的方向，我看见刚刚从木屋里出来的一只灰色的猫，如意又说："书里'蓝毛毛'说紫檀比一般木头都重，一个案子，两个人都抬不动。"

"是吗？这个你都知道？"我边说边在心里默默地觉得自己买对书了，她饶有兴致地看了，而且把知识都记住了，看来"观复猫"果然了解小朋友的心。

忽然听见身后一阵嘈杂，一转头，看到院子里的大透明鱼池旁，一只浑身长毛的狸花猫，两只前腿扒着鱼缸，在喝鱼池里的水。很多人都在举着手机拍照，如意也凑过去在猫的身后看，猫旁若无人地喝着水，完全不理会旁人。看完，如意赶紧翻书，找找这是哪只猫，找到后怕吵着猫喝水用手指着猫，小声说："妈妈，这只是'花荣荣'。"我点头，并示意她离猫近点，抓拍到一张'花荣荣'喝水，如意在旁边看的照片。

我们又在院子里转了几圈，看到了在门口售票处查票的"麻条条"，看到了亲人又可人的"金胖胖"、脸一半黄一半黑的"韩昏晓"，可就是没找到如意最喜欢的叫"云朵朵"的猫，它是"观复猫"里面最美的小公主。

因为是周末，上午十点钟，博物馆里会有免费的讲解。我心想，

这才是我带你来的真正目的。打着我的小算盘，也顾不上再找"云朵朵"了，带着如意就进馆去听。正巧那天的讲解员是个帅帅的大哥哥，长得有些韩范儿，一张嘴却是一口北京腔，白衬衫配蓝裤子，非常利落。因为人多怕听不清，他头上戴着讲解器，几个小朋友都跑到他腿下跟着听，大人们都围成了半个圆圈。讲到一个瓷枕的时候，讲解员低头问如意和几个小朋友一个问题："你们看这个枕头高不高？硬不硬？"如意和几个小朋友都争着回答"又高又硬"，好像答对了有奖励一样积极。"这个瓷枕是金代的，今天叔叔要是豁出去，把枕头拿出来，借你们几个枕一宿，你们要吗？"如意说"不要"，其他几个小朋友也跟着说"不要，不要"。讲解员点头笑着说："我真的遇到过说要的，我说这个高不高，硬不硬，孩子说高、硬，但是还要，我问为什么啊？那孩子说值钱。"在场的人都笑了，讲解员继续讲。原来这个枕头古代的读书人晚上睡觉枕着又高又硬，睡得不舒服，醒了可以继续苦读，讲完这段还不忘扭头找这几个孩子，问他们："是不是知道了干什么用的更不想要了？"如意赶忙点头说"是"。我在一旁偷偷地笑，真的是个孩子啊。一路跟着，

讲解员不仅讲了展品内容，更把展品背后的时代故事融会贯通地讲了出来，我听得津津有味。

但是可能涉及朝代，朝代背后的故事如意还不太能理解，听到将近一个小时的时候，如意就说不想听了，我没有强迫她一定要跟着听完，提议说我们自己随便看看，或者她想去院子里看猫咪也可以。因为我知道，强迫她继续听下去她也不会感兴趣，也并不会记住那些她不感兴趣的内容。于是我就陪她去院子里看猫，看了一会儿，如意提议要进展馆看一个"金碗"，我还在想哪个金碗，如意说："就是刚才讲解员叔叔说的那个金碗。"我恍然大悟，原来是刚才听讲解员讲到的一个"红釉雕瓷仿剔红碗"，碗的里面是金色的。如意对这个碗情有独钟，我们俩再次来看这个碗，确实刚才人太多没顾上仔细看，这下我们俩围着这个碗仔细地观察，上面有雕刻得非常细的纹路，里面的金色亮亮的，我让如意站在金碗旁边，一只手手心朝上，我找好角度，让金碗从视觉上刚好位于如意的手心上拍了一张照片，拍完给如意看，如意惊喜得捂着嘴笑，也要给我照一张。就这样，我的博物馆计划开始得非常完美。

回家后我告诉她，马爷爷在网上有个节目叫《观复嘟嘟》，节目里"观复猫"们就在镜头前随便溜达，顺便我把视频找出来给她看。开始的时候，她也是为了看里边的猫咪，漫不经心地听着马爷爷的讲解，慢慢地觉得马爷爷讲得很有趣，就开始跟着我认真地听节目。有了这个过渡，我又带她去了一次观复博物馆，这次她除了看猫，还可以跟着听完一个半小时的讲解。

就这样，如意对博物馆不再陌生，也产生了兴趣。后来我们提议带她去其他博物馆的时候，她也充满了期待。我会尽量在网上搜一些博物馆有专门讲解的活动参加，尤其有针对小朋友讲解的活动，和如意一起长知识。

在我们专门安排的博物馆之行下，如意自己也了解了博物馆是个集中展示各种宝贝的地方。她在语文课上学到了一篇文章叫《最大的书》，文章里的一位地质勘探员说一块岩石就如一本书，里面记录着岩石在各种年代的变化，里面含有各种不同的矿物质。因为这篇文章，如意对地质产生了兴趣，理想职业也从一名蛋糕师变成了一名地质勘探员。她问我们是不是有专门的岩石博物馆，我想了一下，应该就是地质博物馆吧。说走就走，那个周末我俩就去了地质博物馆。如意见到很多"书"，兴奋极了，这里的石头比她想象的更丰富，有的晶莹剔透，有的里面含金；有的就是我们常说的宝石，而且她发现这些石头都有自己的名字和特性。离开的时候，我们买了几块小的岩石作为纪念，其中有一种石头名为方解石，半透明状，不管怎么碎开，每一个碎片都会是平行四边形，透过石头看字，字就是重影的。回家后，如意还为此写了一篇日记，介绍这种石头的特别之处。

"告诉大家一个石头的名字，叫冰洲石（方解石），为什么叫冰洲石呢？因为它最早是在冰岛发现的，它有紫色透明的、金黄色透明的、无色透明的。

特点1：形状是平行四边形；

特点2：摔碎后会变成大小不一的平行四边形；

特点3：把石头放在文字上，透过石头看文字是重影的。

挑选冰洲石时，透明度越高越好。"

看着这篇像模像样的小日记，讲得真清楚，看来是用心在写了。

如意的科学老师知道了她的这个兴趣，还特意给我拷贝了一个纪录片——《寻找地质博物馆的镇馆之宝》。我和如意一起看了这部片子，发现上次去地质博物馆的时候都没有注意到纪录片里说的镇馆之宝，而且还有一些石头我们虽然在馆里看到了，却不知道有那么多奥秘，通过看这个片子才得以了解，所以正在兴头上的如意说她想要再去一次地质博物馆。恰逢她们学校组织了一次春游，她在春游的路上捡了几块白色的、上面有些亮晶晶的石头，她说想拿去博物馆免费鉴定的地方鉴定一下究竟是什么石头。当我们再一次来到地质博物馆时，目标已经明确，上一次基本把地质博物馆露天的石头都忽略了，觉得露天的东西应该不太值钱吧，这次，如意根据纪录片的内容，开始找软玉和水晶王。一块大石头接着一块大石头地看下面的标注，最先找到的是软玉，确实是好大一块。如意摸了摸这块大石头一侧被剖开的绿绿的表面，想起纪录片里提到的内容，问我："妈妈，这个慈禧太后眼光还真不错啊，这么大的玉，就是可惜被砸坏了，要是不被砸坏，比这个应该更大，那时候没有吊车，运这块石头怎么搬得动？"我告诉她："用马拉车，冬天地上泼上水，就比较滑，更好拉一些。要不怎么会运了三年才运到北京呢，确实太大了。"

在院子里转一圈，发现水晶王就在门口附近。

高度竟和如意身高差不多，确实不虚"水晶王"之名。另外一个重要的展品是狗头金，上次我们仔细看过这个宝贝，是自然形成的金块，它的保价是六百万元人民币。而镇馆之宝还真是不好找，它既没有慈禧的故事，不晶莹剔透，也不金光闪闪，如意仔仔细细地看着每一块展品，刚好展厅里有一拨写生的小朋友，席地而坐，在画展品，这让我们更不方便寻找了。怕打扰到那些小朋友，如意绕着小朋友左一个右一个地看着展品，最后终于在很不起眼的一个角落发现了这个"镇馆之宝"。她兴奋地朝我招手，高兴得快要蹦起来，想叫我和她爸，但是博物馆里要求安静，她不敢大声喊，我们看到她激动又焦急的样子，赶忙走过去。果然是纪录片里说的镇馆之宝"中华龙鸟化石"，只是一块不大的石板，上面是一只看起来像鸟一样的骨骼化石，很完整。找到了镇馆之宝之后，我们又拿着如意捡来的石头去做鉴定，博物馆的叔叔也没有嫌弃她太幼稚，特别认真地告诉了她捡的几块白色圆石头是石英岩，主要成分是二氧化硅。如意如获珍宝一样看着这几块石头，小心翼翼地装到包里。也许在她看来，这是属于她作为地质勘探员的第一次重大发现吧！

我们带着满满的收获回了家，其实我知道未来也许她还会因为看到更有意思的内容而不再想当地质勘探员，但是至少在她渴求知识的时候，我们可以为她找到充盈她内心的途径，激发起她的好奇心，这是最重要的。没有好奇心的孩子看到的世界是一片沉寂的灰色，但有了好奇心却得不到填补的孩子是痛苦的。就像当年《我要读书》中刊登的"大眼睛"苏明娟一般，看到这样渴求的眼光，谁会不为之动容呢？我虽是个普通家庭的普通妈妈，但我依然要在力所能及的范围内满足一个孩子最向上、最具意义的追求。

△"让我们看猫去"化用自——陈明韶《让我们看云去》，作词：钟丽莉

# 你的小手是暖暖的善意

我在学生时代会参与一些公益活动。去贵州采风，在当地遇到了一个漂亮的苗族女孩，和她聊天的过程中得知，因为家庭的原因，家里只能供她的弟弟上学，十三岁的她无奈辍学在家。我和同学一起捐助了她三年的学费，十一假期，还把她从贵州接到了北京，带她去参观了清华大学、中央民族大学、天安门、故宫，希望她看一看大山以外的世界，努力学习。最终，她非常争气地考上了贵州大学，毕业后，回到家乡做了一名小学老师。这件事让我感慨颇深，和同学们一起资助她，我们每个人只是出了很少的一部分钱，改变的却是一个人一生的命运。而她当了老师，或许又可以改变更多孩子的命运。正所谓不以善小而不为，我希望如意也能从小树立这样的公益理念。所以在我们一起玩耍的过程中，我会思考怎样让她可以玩着做公益。

如意上一年级的时候，正好有位

朋友介绍我给如意报名参加北京青基会的"爱心小天使"活动。最初我和如意都对此无甚了解,如意也并不理解,参与活动后才发现,活动组织方非常用心,让孩子们有机会去做力所能及的公益,比如作为劝募员到北京赛特商场劝募。每两个小朋友一组,活动之前先做了培训,诸如劝募的时候应该使用礼貌用语,有人不想参与也不用强求,有人想捐款的时候不要用手接钱,让他们直接投到捐款箱里等等,小朋友们都听得很是认真。如意和她的小伙伴负责商场二层。她们抱着一个小捐款箱,要自己去和来商场购物的人介绍这个活动,以及表达希望他们支持并参与捐款的意愿。对于两个六七岁的孩子来说,这真的是个挑战,陌生的环境陌生的人,家长不能帮助她们去劝募,我就跟在她们后面远远地看着,两个小朋友带着写有"爱心小天使"字样的绶带,手里捧着劝募用的盒子。开始,她们一直在商场走,不敢上前和路人说话,两个小不点交头接耳的,我在后面着急,想过去提醒她们劝募的时间是有限的,这么走下去也许一分钱也募集不到啊。终于,看见如意开口了,她竟然找了一个售货员阿姨,还好她还记得要说礼貌用语:"阿姨您好,我是……(忘词了)我是……北京青基会的爱心小天使,希望您能为我们的公益项目捐款,嗯(继续忘词)……帮助山区的小朋友。"售货员阿姨非常配合,耐心等如意说完后笑着去拿了钱,放进了捐款箱,还鼓励她们说:"你们俩真棒,加油。"如意拿出公益贴纸,给售货员阿姨贴在了袖子上表示感谢。俩孩子当着售货员的面,表情很镇定地说了谢谢,出了柜台。俩人兴奋得牵着手笑着相互嘚瑟,对这第一笔捐款异常兴奋。有了这第一次,后面两个人就胆大了,有一个叔叔在商场的通道里走着,两个孩子迎过去,站在那个叔叔面前刚张嘴说:"叔叔您好,我们是……"那个叔叔低头看了一眼她俩,又看了看四周,没有跟着她们的大人,直接摆手,没有继续听完她们说话就径直走掉了。两个

73

孩子的目光跟着那个叔叔的背影望了一会儿才放弃，继续向前走。碰到一位阿姨，非常认真听她们讲解，然后拿出一百元塞进她们的小捐款箱，两个人看到的仿佛是世间珍宝一样，一百元对她们是个很大的数字啊，一下可以收到这么大数额的捐款，我都替她们为捐款的阿姨点赞。碰到带小朋友逛商场的家长，她们过去劝募，除了会得到捐款，还会被家长当着孩子的面表扬一番。一个家长带着一个看起来比她们小几岁的女孩，听明来意，特意拿出钱，把钱给自己的孩子，说："你看，这两个小姐姐在做公益，希望我们帮助山区的小朋友，你愿意不愿意帮助她们？愿意你就把钱放到小姐姐的这个小箱子里。"那个小朋友似懂非懂地看看如意，把钱塞到了捐款箱里。那个家长还要让孩子和如意以及小伙伴一起合影留念，并且告诉孩子："以后长大了你也和姐姐来做公益好不好！"小朋友说"好"。如意那骄傲的神情，仿佛觉得自己成了小朋友的榜样，站得笔直同她合影，合影结束后还过去蹲下给小朋友的袖子上贴了爱心贴纸。

　　看着如意刚开始的时候不敢说话，鼓起勇气开始说了又说得那么慢，有时候还会磕巴，以及被拒绝后的失望，我偷偷跟在后面很是感慨。如意长这么大，我几乎从没有让她独立地去和陌生人交流，这次她感受到了不同人不同的态度，有冷漠、有怀疑、有热情、有鼓励，还好她没放弃，一直在坚持，而且说得越来越好，越来越主动。或许是看到有人对她们做出了认可的赞许，两个小朋友尝到了做这份工作的喜悦。最终两个小时的劝募工作结束，到达工作台，北京青基会的老师打开了捐款箱。哇，没想到她们两个小时内劝募了一千二百一十六元，额度是所有参与的小朋友中最高的。她们俩拉着手开心地跳了半天，嘴里还一起喊着："一二一六、一二一六、一二一六、一二一六、一二一六……"当妈的我也为她们感到骄傲。不过青基会的老师们特意和所有的小朋友说："不管劝募到五十元，还是一千元，孩子们都是最棒的，在意的是孩子们的参与，在意的是这种爱心的传播，公益不能只用钱的多少来衡量。"听完这段话，作为家长的我们也很是赞同，为北京青基会的老师点赞！不过两个孩子还沉浸在劝募额度的兴奋中，希望她们冷静下来后也能够理解老师说的话。

● ● ●

△"你的小手是暖暖的善意"化用自——潘越云《你的小手是暖暖的爱意》，作词：郑华娟

个磨盘当桌子，一边听讲解，一边记录。我担心她记不全，也跟着偷偷地记在手机上。看她认真的样子，觉得她真的是长大了不少。晚上我们回到住处，孩子们还要分组开会，整理白天的记录，回到家后要制作PPT，两周后开新闻发布会，每组要出一个人讲解，另外两个人负责答记者问。如意是三个孩子中年龄最小的，没想到她会自告奋勇做有关选址部分的PPT并且在发布会上讲解。二年级的她，接下这个任务的时候还不知道其中的难度，更没做过PPT，我忽然有预感这些工作都会落在我头上，好在一路上我都跟着认真听讲、拍照、记笔记。回家后我把自己的笔记和如意的总结都整理在一起，便开始制作PPT，但这毕竟是如意参加的活动，所以就让她坐在我边上学习。我帮她把调研的照片、文字都整理好，但是讲解的部分就需要她自己来做了。

随着参加活动的增多，年龄的增长，如意已经可以报名参加更有挑战性的公益活动了。北京青基会组织了"天使冬奥林"的活动，要在张家口植树。植树之前基金会组织"爱心小天使"去张家口调研，这些"爱心小天使"以"天使冬奥林"活动发起人的身份到那里了解当地的家庭情况，参观奥运场馆，听林业局的叔叔讲解。如意被分在了"天使冬奥林"选址组，也就是她要和两个小伙伴一起记录为什么"天使冬奥林"要选在张家口。当地林业局的叔叔在选址的地点开始给大家讲解，如意拿着一个小本，找了一先把 PPT 的内容给她翻看，有不认识的字就标注上拼音。她坐在电脑前，自己反复看，熟悉每页的文字，力求读顺。开始还有些磕磕绊绊，一遍又一遍地练习过后，我就提高了要求，要求她声音得够洪亮。她以前朗读都像一只被吓着的小猫一样，声音没有底气，音量也很小。提醒完，再读，“大家好，今天我来和大家分享‘天使冬奥林’的选址情况”，第一句还可以，后面慢慢声音又变小了，语速也加快了。我打断她:“声音又小啦，再大点。”

来来回回几次，她就烦了：“哎呀，你总是打断我，怎么讲得好？”

我毫不客气地说：“你讲得不好就要打断重新来，不然下面的观众都听不见你说什么，那你讲给谁听啊？”

如意噘嘴，不愿意练了。她只想到能够站在舞台上的那份荣耀，却没想过要做这么多准备工作，有点后悔了。我坚决不退让，和她说：“你看，你自告奋勇领了这个任务，结果 PPT 还是我帮你做的，你就是把这些读顺，声音洪亮地讲清楚就可以，这一点你都不肯付出，还谈什么这个活动的发起人呢？”

“今天你必须大声地把这个内容读好！”她爸爸听到我如此严肃的说话声，过来询问情况。

如意像是见到救星似的，没说话，眼泪吧嗒吧嗒地先掉了下来，感觉自己很委屈。我和她爸爸说明情况，她爸也同意我的说法：“如意，爸爸告诉你一句话，叫‘欲戴王冠，必承其重’，什么意思，就是你想戴一顶王冠，必然要承受王冠的重量，也就是说不能光想着得到荣耀，不去付出辛苦。”

见我们俩都这么说，如意的眼泪止住了。我再次问她：“如果你现在决定不讲了，我就把这个 PPT 发给你们组的其他小朋友，他们都希望能上台讲解呢，你不想练，就给别人机会吧，行不行？”

如意摇摇头说：“不行。”

“那你能不能大声点，好好练？”

“能！”

讲明道理她也就认真地练习了。活动当天，如意讲得很顺利，声音也洪亮清晰。为了让更多的同学了解这个活动，筹集更多的募捐，如意特意和老师要求在班会的时间把这个活动又在班里讲了一遍。我也在朋友圈帮忙转发筹款链接。很快，第一年的树苗钱就筹集到位了，如意又跟着北京青基会去植树。她拿着比她还高的大铁锹开始挖树坑，土地又干又硬，并不好挖。好在我这个妈妈小时候还真干过这活儿。我教如意用脚踩着铁锹，用身体的力量把铁锹插到土里，再用力把土翻起。如意学着我的样子，但她的小腿力气完全不够，要用脚使劲踩几下，铁锹才向土里伸进去。挖一个树坑，大概要使出吃奶的力气了。还好树苗不大，坑不用挖得太深。我把树苗放到坑的中间，如意再接着填土，就这样，终于种下了一棵树。虽然只是一棵小树苗，但是却来之不易。从调研，到宣讲，再到筹款，直至今天的植树，如意又一次圆满地完成了公益行动。

公益活动参加得多了，我们便一起分享经验。当我和如意提起，在我上大学的时候曾经参与捐助过的那个女孩任教的山区现在依然还有很多家庭条件相当拮据的孩子，如意当即表示要拿她的压岁钱给那些孩子买字典和文具。我很欣慰她能有如此的公益心和实际落实的举动，但是转念一想，她的这些压岁钱都是大人给的，并不能完全代表此举是她的心意，她虽慷慨，但终究不是她自己的付出所得，拿着别人的钱做着自己的公益，这又怎么能完全体会公益的内涵呢。可究竟怎样才能让如意有一种真正意义上的参与感？我和她爸商量着自己组织一次公益活动，既能让如意切身参与，又能让她了解，做公益可以有很多方式。

我们准备了一个画板，上面裱好一张纸，纸上画了一百个小格子。买好了颜料、毛笔、涮笔桶，然后在朋友圈发了一条消息：邀请一百位朋友周末到北京798艺术区里参与我们的活动。每个人选一个颜色，画满一个小格子，当一百个格子全部画满，这幅画就装到相框里售卖，卖画所得就是我们资助十五个山区孩子一学期的笔和本的费用。我们把这个活动起名为"童心同画"，因如意的一颗爱心而起，邀请大家一同来作画。没想到刚在朋友圈发出来活动信息，就得到了很多朋友的响应，也有很多朋友表达要来帮忙做志愿者的意向。他们之中有人帮我们去798的朋友那儿借桌子，有人帮我们拍照，还有人帮我们组织现场的秩序。如意找出了许多贴纸，准备送给现场参与活动的小朋友，同时她还要负责调配颜料以及更换涮笔桶里的水。爸爸还特别设计了一个易拉宝，到外面制作好，把活动简单地介绍了一下，这样当我们忙不过来的时候，人们可以自己看说明。

　　活动当天，我们全家特意穿上了亲子服，拉着需要用的东西来到了798艺术中心。因为事先已经在朋友圈做了宣传，所以现场已经有很多赶来帮忙的朋友，还有带着自己的孩子，拿着字典、笔、本等学习用品来参与捐助的朋友。如意一边帮着调配颜料的颜色，一边给参加活动的小朋友贴贴纸，还要跑去换涮笔桶的水，忙得几乎没时间抬头。

　　换水是一件比较麻烦的事，因为只有附近的公共卫生间可以换，所以要提着脏的水桶来回地跑。卫生间的地上有水，地面很滑，如意一不小心摔了一跤，胳膊都蹭破了，但她回来什么都没说，继续忙碌着，直到格子快画满了，她不那么忙了，才告诉我。我这个当妈的看着着实心疼，还好就是擦破一点皮，没太大事，微微出血的地方也已经干了，只能回家再处理。问她疼不疼，她还摇头说不疼，平时哪里碰到一下都和我磨叽很久，今天反而坚强起来了。

　　短短一个半小时，一百个格子就被画满了，而且还没等我在朋友圈售卖，活动现场就有一位母亲买下了这幅画，她说要送给自己马上过生日的孩子，因为这幅画里面包含着一百份爱心。在场的朋友们也都非常感动。没想到活动会这么顺利，我们也把给山区孩子买文具的费用筹齐了。收拾完桌椅、易拉宝、颜料、水桶、调色盘这所有的一切，已经是正午时分。当时天气炎热，如意拿出自己的小钱包，用她所有的硬币请我们大家吃了冰激凌。就这样，我们帮如意完成了一个公益心愿，让她了解做公益还可以有这样的方式。希望在那一天，我们已经为她在心中种下了一颗公益的种子，愿这颗种子陪伴她一生，愿她的心中能够始终保持这份善念，尽自己所能去帮助需要帮助的人。

# 走出户外，
# 让我们旅行去

有人说"读万卷书不如行万里路"，但是在没有充分的知识作为基础的前提下，即使行了万里路，也不过是一个送信件的邮差而已。每年我们也都会在如意完成相应的学业之后带她去其他的城市走走玩玩。每次我们都会根据她的能力进行选择，以便让她能够更多地参与、了解，而不仅仅是走走逛逛吃吃这么简单。

如意三年级的暑假，我们商量好去青岛玩，去之前和她一起查询了地图，青岛距离北京的距离、大概方向和位置……可能对于她来说看攻略和具体的说明过于枯燥，于是我就找出来我小时候看过的动画片《崂山道士》给她看。那是我很小的时候看的一部动画片了，儿时自己看的时候都不知道崂山在哪里，现在和女儿重温一下，看完我告诉她："这个故事里那个书生学穿墙术就是去的崂山，崂山就在青岛，我们这次出游就会去那里。"如意好奇的是这个穿墙术，问我："妈妈，真的可以学穿墙术吗？"其实我就等着她问这句话，于是告诉她："《崂山道士》是根据蒲松龄的名著《聊斋志异》里的故事改编而成的动画片，这本书里很多故事都有这样神奇的情节，但实际上并不是真的有穿墙术，是通过这样有意思的情节来告诉人们无论做什么事，都要能沉得下心、谦虚好学，才能够有所成就，总想投机取巧地不劳而获，最终就是像这个书生一样，撞得一头大包。"

如意听完我的话，有点小失望，在她心里当然是真的很希望有穿墙术这样神奇的操作吧。就像我小时候第一次听相声《口吐莲花》，当时以为真的可以喷出一朵莲花，最后知道实情的我也很失望，但是却也明白了这个相声的寓意。看她失望的样子，我接着告诉她："虽然穿墙术是神话故事，但是崂山是真的有道士的，道士就在山上的道观里，他们是信奉道教，就和佛教一样，属于宗教里的一个派别。我们可以去看看那里和佛教的寺庙有什么区别。"这样一讲，她多少有了些兴趣。我们便一起列了一个出游所需物品清单。

　　我告诉如意列清单要根据目的地的不同来区别对待，比如海边、爬山、参观博物馆，不同地方需要用的装备不一样。然后就是每天按照从起床开始都做什么，在脑海里想一遍，这样就知道日常大致需要带些什么行李了。如意负责写好清单，然后跟着我们一起准备，我们还一起在网上选了亲子装。那次的青岛之行，除了安排去海边、海洋馆，我们还专门安排去了贝壳博物馆、啤酒博物馆、奥运会帆船博物馆。出发前给如意买了她自己的小旅行箱，让她来准备出游时自己需要带的物品，她一下子就变得特别有主人翁意识，觉得自己有了可以发挥的小空间。

　　记得如意一年级的时候，我们和她同学一家旅行回来，还一起画了回顾旅行的书。那一年我应出版社之邀出了一本书，如意知道后也很希望自己可以出书，我便指导她看看书的封面、封底都有什么必要的内容，比如封面要有书名、出版社、作者，封底要有条形码、价格等等。了解了封面之后我们就开始准备书的内容。每天画一页，有难度的地方，就由我先画好，留给如意来涂色，简单的就可以让她自己画。如意给书起名为《如意的旅行之黄金海岸》，封面上她写了"如意著"，为了和自己的名字搭配，还写上了"吉祥出版社"。

正文的第一页,她画了驾车的路线图,把我们因为封路而绕行的路线也画了上去,国道的名称、起始时间、全程的公里数和用时,都标注得一清二楚。第二页她画了和好朋友站在大海边张开双手的画面,出发前我给她们两个买了一样的衣服,她把这点也特别画了出来。第三页她画了我们吃的螃蟹、扇贝、蛏子。第四页画了我们去孤独图书馆,还有图书馆外面的沙滩上散布的贝壳。第五页画了孤独图书馆里面的场景,她和馆长的合影,还描述了图书馆的特别之处。最后在封底画了条形码,还没忘记写上定价"9.90 元"。我帮忙装订好,她便有了自己"出版"的第一本书。

在我们这个普通到不能再普通的家庭,或许没有足够的经济和时间去走遍万水千山,但每一次的旅行,女儿都开阔了一层眼界。在一次次的旅行中,她也明白了为了这次旅行需要计划时间,需要提前了解目的地的地理位置、距离,也懂得了要根据目的地的不同准备要带的不同物品。

或许她在未来可以环游世界,又或许她会忙到无暇出门,但这种做事情有计划、有准备的习惯已经在一次次的旅行中养成了,仿佛渗透进她的血液里。相信不管是美好的光明,还是风雨的挫折,她都能有足够的心理准备去迎接和面对。

作为母亲，陪伴并不可能永远，但在她短暂童年的这段时间里，她所理解、模仿、学会的一切，都将是母亲永恒的陪伴，陪伴她的一生，也慰藉我的一世。

△"走出户外，让我们旅行去"化用自——陈明韶《让我们看云去》，作词：钟丽莉

# 陪伴式的教育需要言出必行

在陪伴如意成长的过程中，有一点我一直都颇为自豪，就是我从不会用哄骗的方式来让孩子听从或者妥协。从如意小时候去打预防针开始便是如此，起初她不愿意去，我并不会骗她说是带她出去玩，而是在家里坐下来对她说："预防针是可以不让你得非常严重的病的，所以我们必须去。如果你不哭不闹，打完针出来我可以给你买一个气球，要是你哭闹了就没有了。你想想，你哭闹了也是要疼一次，不哭闹，

还可以得到气球，是不是很划算？"我没有讲更多，如意想了想，觉得好像确实是这个道理，也就同意了去医院。打针的时候，她绷着小嘴，没有吭一声，医院的护士阿姨还特意表扬了她，她也极其自豪自己没有哭闹。当然，我也信守承诺给她买了气球。回到家她就迫不及待地给奶奶打了电话，说自己打针没有哭，结果自然是又被奶奶表扬了一番。

这样做或许比哄骗的效率要低下，但最终绝对要比骗孩子说带他去玩，结果孩子发现是去打针的结果来得要好。

让孩子对大人失去了信任是件极为可怕的事情，毕竟人这一生，父母是孩子最亲的人，是无论如何都会为孩子付出一切的人。在孩子小的时候就让孩子认为自己的父母不可信任，将会是一件无比恐怖的事情，以后所有的付出都有可能不被孩子接受，而所有的引导和教育，也有可能被孩子的担忧和反抗化解。

所以我一直非常坚持这个原则，而坚持这个原则，就要涉及有些我不能完全保证可以做到的事情，这种情况，我都会提前说出几种可能，如果出现类似的状况，将不能完成我答应孩子的条件。告诉孩子，有些事是我不能完全把控的，但是我会尽最大的努力去兑现承诺。有些情况是我清楚地知道并不能满足孩子的，那我一定不会答应，不能为了孩子一时的妥协而欺骗孩子。

　　这样做最直接的好处，就是当孩子不守信，想退缩的时候，我可以理直气壮地问她，妈妈有没有不守信用过？她只能说没有，只有这样我才有资格继续说："如果你不守信，未来我也会不守信，我答应带你去哪里玩，我会到最后改变主意不去了，你认为可以吗？"对于一个孩子来说，这种时刻她本能的反应就是说"当然不行"，接下来的"那为什么你可以不守信，我不可以呢？"也是让孩子认识到自身错误的最后一击。孩子没有别的可说，只能信守承诺，把该做的做好。言出必行、信守承诺也是可以影响她一生的一个好习惯。

　　"只买一个好"，这是在动画片中看到的一句话，自从看了这个，如意去超市就执着于买一个她喜欢的好吃的，有时候拿着两个犹豫，让我选，我会说"你自己决定"。有时候我会想拿两个也没什么啊，但是她既然自己要选一个，我就会随着她，毕竟克己也是一种美德。如意姥姥也经常教育我给如意别买那么多衣服和鞋，小孩子长得快，穿不了两次就穿不下了。她也会和如意说，零食要少买，钱不要乱花。

不过在孩子眼里，商场的儿童玩具区实在是个诱惑很大的地方。在这里即便是"只买一个好"，成本也是很高的，我并不能每次都满足她的心愿。一次她看见一个芭比娃娃套装，非常想要，看了又看，想让我给她买，我看了看价格对如意说："如意，你家里不是有好几个芭比娃娃了？最近又没有什么节日，没必要再买（潜台词主要是贵）。"

如意眼巴巴地看着娃娃说："这个娃娃可以染头发，而且还可以染出花纹的颜色，还可以梳各种发型，裙子还是可以自己画图案的，我都没有这样的。"我看了看确实有好多玩法，怪不得这么贵。

"那今年生日礼物送你这个好不好？"我试探着问。

如意说："那太遥远了，今天就想要！"

我只得拿出撒手锏："今天没带这么多钱。"然后拉起如意的手就想赶快离开这个地方。如意一只手被我拉着，腿却没动地方，屁股用力扭着不被我拉走，我再用点力气，她一条腿迈了一步，依然不走，开始吭吭唧唧。我说："赶快走吧，咱们到时间啦，要回家啦。"如意反抗得干脆坐到地上，我一见，这是到了不给买东西就坐地上耍赖皮的阶段了吗？小样儿，我可是不怕你，坚决不会妥协的。还好如意并没有号啕大哭，就是坐在那里掉眼泪，嘴里"碎碎念"地说"我想要这个嘛"。

如意爸爸过来说："要不先把生日的礼物预支了，等生日时就不买了？"

我瞪了他一眼："那以后什么都预支，还有没有规矩了？"

转头对如意说："你愿意在那儿坐着就坐着，坐够了咱们就回家。"

如意抬头看看我和爸爸，觉得好像没什么希望了，自己站起来说："那我能再看一会儿吗？"

哎呀，我的心被这句话戳中，觉得自己怎么那么不像个爱孩子的妈妈，就算贵点也不是买不起的，搞得孩子可怜巴巴地说再看一会儿。不过表面还是一副镇静的样子说："那可以，你看吧。"如意又看了一会儿，恨不得一步三回头地和我们回了家。虽然心里隐隐觉得挺对不住孩子，但是也有点胜利的小确幸，自己坚持住了也就杜绝了她坐地要东西的第一次，不给她拿哭闹威胁我们的机会。

# 第四章

## 淡淡地送给你，爱的欢颜

### ——走入校园后的陪伴

# 画出你班里的向日葵

　　听过很多人对孩子说："你也就再玩这一年了，明年一上学你就套上小夹板儿了，没得玩了。"我很反感家长这样说。在我还小的时候，我的母亲也曾对我说过同样的话。这些话让我在还没走进校园的时候就对上学产生了厌烦的情绪，我一度认定上学是一件极为讨厌的事情。可我们这些如今已经走出校园的家长都知道，通常情况下，上学也是充满乐趣的。所以在如意上学之前，我们就非常注意，不会给她灌输错误的观念。当我们一起看书讲故事的时候，我会对她说："哎呀，你就快上学了，真好，等你上学了，就能认识很多字，这些书你自己都能看懂了。"当我们一起去买东西需要结算的时候，我也会说："你马上就可以上学了，等上学了，你比那个阿姨算得还快呢。"我希望我的描述是可以让她感受到憧憬的，希望她能对上学充满向往，让她可以在期待中认为上学是一件可以获得很多本领的事情，学校并不是童年欢乐的终结，而是一个既有规矩又有乐趣的地方。

　　我从不想遵循应试教育和成功学教育的道路来向孩子强硬地灌输道理，但我深知，初入校园的时候，学前的习惯会对一个人有着至关重要的影响。对学校充满期待的孩子有很多都能更快地适应新的环境，也能迅速适应要开始学习的日子。学前就懒散的孩子，面对新的环境也会表现得散漫，从而影响了最基础的学业。所以我一直在思考，要如何在入学之前就培养起女儿良好的习惯，可以让她在走入校园的那一刻从容镇定、充满向往，同时又能以最佳的状态融入新的生活。思来想去，又和她爸商量了一番，我们还是决定生活给予我们什么，我们就利用什么，不做过多刻意的营造和灌输。恰巧幼儿园安排了学前班课程，老师每天要求带不同的书、不同的本。我把老师的要求做成课表的形式，打印出来，拿给如意看，并给她解释每一排分别是什么意思，有星期几、带什么书和本。然后第一周，我们俩就一起拿着课表对照着把书包收拾好。过了一周，我就让如意自己看课表收拾书包。所以从大班开始，如意就学会了看课表，整理书包。而她说她的同学，有的是每天把所有的东西都背着，这样老师哪天需要什么都是带了的，另外一种就是父母直接收拾好，孩子并不过问，背上书包去幼儿园就好了。我告诉她，她是所有小朋友里最棒的。之后上学，对于看课表收拾书包这个事情，如意就顺理成章地不用我操心了。

终于到了上小学的时刻，报到那天，学校发了一件白色 T 恤，要求自己画上图案，开学第一天穿。我和如意一起想到底要画什么呢？

如意说："画我们全班同学吧！"这孩子还真是心有集体呢！

我问她："你们班多少人啊？"

如意说："三十二个。"

"那有点画不下，要不这样，画一个向日葵，三十二个花瓣，每个花瓣代表一个同学，又好看又简单，还有寓意！"

如意觉得不错。这是学校布置的第一个作业，必须认真对待。我还特意把我的丙烯颜料拿出来，告诉她这个颜料画上不掉色，洗衣服时也不掉色，如意看到后一脸崇敬。

"如意，去找一个咱们家没用的硬纸壳来！"

平时买衬衫衣服里的纸壳我都给如意留着做手工用，这次就派上用场了。如意拿来问："妈妈，拿这个干什么？"我把这个纸壳放在 T 恤里面："你看，不垫着点，一会儿你一画颜料，衣服后背也会沾上

△"画出你班里的向日葵"化用自——Don McLean《Vincent》，作词：Don McLean

颜料的。"如意十分佩服我的预见性，恍然大悟地"哦——"了一声。

"再去找一大张报纸。"

"找报纸垫哪儿啊？"

"你拿来就知道了。"

我卖起了关子，等报纸拿来，我在中间撕了一个洞出来，铺在了T恤上，然后在中间的洞里画向日葵的图案，画好，让如意自己涂色。图案正好在报纸的圆圈中间。如意坐好，拿着毛笔，蘸好颜料开始画。颜料蘸多了，笔还没到圆圈中间的图案，就滴了一大滴在报纸上。

我说："现在知道干什么用的了吧，你还小，手法不熟练，铺报纸就是防止你手上没准头把衣服旁边弄脏了。"

如意说："妈妈你太了解我了。"

"那是，我不了解你还有谁了解你啊！"

如意一手扶着报纸，一手拿着毛笔，专心致志地描那三十二个花瓣。花瓣是各种颜色交替着涂的。

三十二个花瓣她画了一晚上，中间的花心我帮忙画了格子点了点，还写上了班级"一（2）"。衣服晾了一晚上，早上把报纸和硬纸壳都取出来，非常完美。如意穿上这件自己手绘的T恤开开心心地去上学了。

# 我的选择正是为你而存在

　　之前就听比如意大的孩子的家长说上小学完全和幼儿园不一样，当时我还不理解。如意刚上学没几天，我就意识到了，家长需要有强大的心理。虽然现在一二年级禁止考试，不公布排名，但是老师会发微信告知家长"今日课堂练习全对的有"，后面跟着一串名字。每次看到这样的信息我都会仔细找自己孩子的名字，找到了，心里一阵窃喜，找不着，就心想，这孩子哪里又做错了，回家得问问。老师有时也会发一排本子的照片到群里，写着"照片里的孩子听写全对"，收到这样的信息，我会赶快下载原图，放大了看本子上的名字。找到了，还得安慰自己一下，哪有那么在意啊，不就是个小测验小听写嘛。早上送孩子上学，就看到如意同班的同学，家长一边走，一边问着孩子单词，有时候还会一边走一边问《红楼梦》里，林黛玉为什么葬的是花而不是诗？我心里一惊——到底是为什么？我都不知道为什么啊！后来家长相互一聊天，才知道很多孩子都报了课外班，语文、奥数、英语、写作、有个孩子一周要上十一个课外班。我完全不能想象一个孩子在学校上了一周课，周日也不能休息，还要去上课外班，大人都受不了，更何况是个孩子呢？

　　上学以后不知道为什么就欣然接受了这样的日子，还安慰自己说，我们也就仅仅报了扬琴和英语两个课外班，比起如意的同学一周报四五种课外班，有的甚至每一天都有课外班，已经算很幸福了。

　　虽然感慨，但周围的家长朋友都在纷纷给孩子报课外班，也善意地劝说我不能让孩子输在起跑线上，我开始有了动摇，纠结到底要不要让如意学奥数。首先，我和她爸每天下班都很晚，来不及接送她去奥数班。其次，周末学习扬琴和英语已经占用了一天时间，另外一天怎么也要留给如意休息和玩耍。最终，在和如意商量过后我们决定报一个网课试试看。这样，她学，我也在旁边跟着学，方便指导她。每次上课会有课上练习，课下会有作业，不上课的时候要做口算作业，拍下照片发给老师。我和如意一起做，开始还觉得蛮有意思，如意也学得很有兴致。随着难度的加大，她开始有些绕不过弯，而我呢，数学向来就不好，如今面对奥数，虽说年长她许多，也没比她好到哪里去。

　　我开始怀疑自己当初的决定，觉得自己当初没有把持住，跟了风，不了解自己孩子的情况就乱报班。于是我就去查资料，想了解一下学奥数到底有什么用途。网上有的文章说奥数对初中数学有帮助；有的文章说奥数就是好学校招生用的利器，奥数学得好，拿过奖的孩子，好的学校直接就可以接收；也有的文章直言学奥数根本没用，只不过是好学校掐尖用的。众说纷纭，我一时也不知谁对谁错，该如何是好。于是我把目光重新放回到如意身上，她似乎并不享受这个过程，我辅导她也很吃力。我不是一个"虎妈"，学完了这一阶段我们就没有再继续，因为我在如意身上完全看不到她学英语和扬琴时的那股劲头。我看得到她在很认真地听，也在认真学，那她或许真的不是靠奥数出头的苗子吧，与其痛苦地浪费时间，倒不如把这个时间放到她擅长的地方。周围再有朋友"安利"我让孩子学奥数，我也不再动心。任何市面上火热的课外班，我也不再盲目跟随。

△"我的选择正是为你而存在"化用自——唐晓诗《爱的迷藏》，作词：李泰祥

# 打她脸的是你

打她脸的是你

　　一年级下半学期刚刚过半，有一天，手机微信班级群忽然提示有新消息。我原以为是老师发了什么需要家长帮忙的事情，打开一看，却是被如意同学的家长点名了，上面赫然写着："如意妈妈，为什么如意要打我们家孩子？"我一下被说蒙了，如意还敢打人？一时间竟不知如何回复才好，赶忙先说："不好意思，我还没下班，如意学英语去了，我回家问问她怎么回事。"

　　赶忙又给如意姥姥打了电话，问问她在接如意放学的时候有没有听说这件事。如意姥姥说没有，后面还补了一句："你们家孩子你还不知道啊，借她个胆儿估计也不敢打别人。"

　　我也不敢相信。如意从小就很胆小，去游乐场玩滑梯，只要有人跟她争，她都会让别人先玩，从来不和别人抢。有时候，她明明想玩，但是别人抢，她也就让了。我都觉得她有点窝囊，怎么就让别人抢，她却说自己不想玩

93

了。今天这事到底是个误会还是怎么了？我心里始终不相信她会打人。这时候老师打电话过来，说今天下午老师们开会，如意是班长，让她代管一会儿，具体怎么回事老师也不太清楚，让我回家问问如意。

如意学英语回来，换好衣服，我很正式地拉她过来在我身边坐下。

"如意，你今天在学校是打了萱萱同学吗？"

"是，她上课带玩具，我说她不听，扣她钱还不让！"如意一脸理直气壮地和我说。

我那因为过度惊讶而张开的嘴巴好几秒没合上，一下没听明白。

赶紧追问："她带什么玩具了？扣什么钱啊？"

"老师去开会，我是班长，让我看着同学写作业，老师说谁不听话，我就可以扣他的钱，就是我们学认钱的那个假的钱，每人一套的那个。萱萱不好好写作业，带了小玩具和后面同学玩，我让她收起来，她不理，我扣她的钱她不给，还对着我叫，我就打了她！"

这回我听明白了，接着问她："你打萱萱哪儿了？"

"打了她脸，打了她三个耳光。"

我的天，我当时的感觉简直如晴天霹雳一般，怪不得人家孩子的妈妈来质问我，要是我的孩子挨了这样的打，也得来找。

"如意，老师让你管同学，让你可以扣钱，没说让你可以打人吧？"

如意噘着嘴说："可是我管她她不听啊，还跳着脚地对我叫！"

"如果她不听，你可以等老师回来，让老师再来管她。

"她带玩具不对，你说她，她不听也是她不对，但是你打了她，就是你不对了。

"第一，老师没有给你打人的权利，第二，如果你把萱萱打坏了，咱们还要带萱萱去医院，万一伤到重要地方，也许会影响萱萱一辈子的。"我一口气说了很多。

如意现在才感觉到事情的严重性，手指拉着衣服角转，不吭声。

"这样，你呢，现在把事情的经过在微信里和萱萱妈妈说一遍，然后向萱萱道歉。妈妈去买一些东西，明天早上带给萱萱，也表达咱们的歉意。"

如意点点头，在微信里把事情的经过说了一下，道了歉。我也单独和那个孩子的家长表示了歉意，并保证好好教育如意，如果需要去医院检查，我明天就请假带孩子去医院。那个孩子的家长也很通情达理，并没有太为难我们，说都是小孩子，难免的，孩子看着没事，不用去医院了。

第二天，老师让萱萱同学临时做一周的班长，让她来管理同学，也感受一下班长的不容易，互换一下角色。我很感激老师的做法。回家我还和如意说，不要因为这个事情就和同学疏远了，该一起玩还是要一起玩。如意说："今天萱萱擦黑板够不着，踩了一个小凳子，没踩稳摔了一下，还是我把她扶起来的，我们挺好的。"看来是我想多了，孩子都是单纯的，相互都没有记仇，有些小别扭转头就和好了。

对于如意，我们从小教育她要谦让。玩滑梯要排队，不要和小朋友争抢。但是因为这件事让我想到如今层出不穷的校园霸凌问题，后悔当初没有教她遇到欺凌不要太退缩。正在担忧她如果被人欺负了要怎么办，还没等想出办法，她就"一打成名"了。这件事情发生之后没几天，学校开设了社团课程，如意选择了舞蹈。班里一个同学的妈妈得知后发来私信和我说她家孩子胆子小，看到报舞蹈社团的名单里有如意，希望我告诉如意不要欺负她家孩子。我看过之后哭笑不得。事到如今，解释估计已经没用了，只好尴尬着答应下来。

转念一想，却又担心她这一打，以后胆子大了会发展到比较严重的地步。我不忘叮嘱她，不能欺负人，也不能被欺负。我下班回家后把如意拉到身边，试探性地问她："有没有同学欺负你？"如意说："有啊，我们班男生特别讨厌，老是追着我，最后我都躲到女厕所去了。"我心里咯噔一下，幸亏问了问，也万幸从小的陪伴让女儿习惯了和我无话不谈，才能在我发问的时候直接言说。

"下次他追你你别跑，大声和他说不许再闹了，如果说完他还不听，就告诉他再闹就揍他。警告两次，他还追着你，你就拧他胳膊上的肉。"边说，我边指着如意的手臂里侧，"就这儿，这儿的肉稍微一用力就特别疼。"

"记着，头、裆部、脸都不能打啊，这些地方都是很容易受伤的地方，你们之间没有什么大事，警告捣乱的孩子就可以，要是都不管用，就回来告诉我，我收拾他去！"

　　如意说："知道了。"

　　但凡做了母亲的人，听到这样的事情，心里都会左也不是右也不是吧。面对校园霸凌，我绝不能让孩子忍气吞声，必要时针锋相对甚至奋起反抗，自己解决不了的情况，首先告诉老师，回到家要告诉家长，如若不然，就会助长霸凌的滋生，让自己更受欺负。

　　发生这件事之后的某一天，我下班早些，去学校接如意，正巧碰到"欺负"如意的那个男孩，径直走上前义正词严地对他说："再欺负如意看我不来揍你！"然后就转身找如意去了。之后想起来就问如意她最近有没有再被同学欺负，如意说有一天那个男孩问她："你妈真厉害，你在家是不是很可怜啊？"我问为什么，如意说她也不知道，之后没再搭理那个男生。我说："这就对了，这样的孩子你要少招惹他，他也没理由来欺负你，要是莫名其妙地就来欺负你，你就按照我教你的方法，给他个厉害，下次他就不敢了。"话虽粗俗，但却真的有实效，想来老实的如意也不会对他真的出手，但在那之后倒是再也没听如意说过被欺负了。

△"打她脸的是你"化用自——和田秋子《敲响那钟的是你》，作词：阿久悠

# 作业和时间任由你决定

或许是在学琴阶段就已经向如意解释清楚了自主安排时间的重要性，她也早早地明白了自己的时间要由自己来安排好。虽是贪玩的年纪，但先做事再玩耍的习惯已经在很小的时候养成了。如意从没有将作业拖至深夜的情况，我也没有听到老师抱怨她没有按时按质交作业。

陪孩子写作业是很多家庭引起纠纷的冲突点，有许多人都建议孩子写作业时家长在旁边看书，不过我因为工作原因，每天下班都比较晚，根本实现不了这样的陪写作业。我就和如意说，回家写作业遇到不会的地方先自己琢磨一下，实在不会的等我回家再解决，先把能做的、会做的做了。我回家之前都靠她的自觉了。

偶尔，她小小的举动还会令我感动又佩服。有一次我下班回家推开门，看见她小小的背影伏在写字台前，手机就在桌上，刚想责备她怎么可以边写作业边玩手机，却听到手机里传出来她自己的声音，读的内容是语文中的词语。她点了一下手机，就在本子上写几笔。然后又点了一下手机，又听到一个词语，她再继续写，我突然觉得内心五味杂陈，既惭愧自己作为一个母亲相当不称职，又为自己的女儿有这样的想法和自主能力而感动。她竟然能有这样别出心裁的方法，不用等我回家给她听写词语就可以自己完成作业了。那一刻，我感觉那个小小的身影正在长大。

她察觉我进屋了，扭头站起来向我炫耀："妈妈，你看我想了个好主意，我把所有的词都录音了，一个一个暂停了听写，我是不是很聪明？"

　　我毫不吝啬对她的称赞："你太有办法了，我怎么都没想到这样的方法呢？你比妈妈要聪明呢！"

　　如意说："以后你回来晚了我就这样听写，你就放心吧！"

　　听了她的话，我的愧疚之情越发强烈，陪伴在写作业的孩子身边并不是要监督，更多的应该是给予她随时的帮助和提点啊，我没能做到。既搞错了定位，也没能分担女儿的烦恼。若是没有想到这样的办法以及拥有强大的自控能力、自主习惯，而我又恰巧忙碌，想必如意那晚要等到很晚才能完成她本可以很早就完成的作业。可同时，正因为我的无法做到，才让我看到了女儿在我们过往的陪伴与引导下，已经养成了这样好的习惯，这算是给我愧疚的心带来了一丝宽慰。

　　有个朋友说她家孩子为了能有更多的时间来玩，每天回家就匆匆把作业写完，从不注重质量。虽说如意并没有因为作业的问题被老师点过名，但听了这番话，我不免也有些担心，毕竟我和她爸都没有陪她写作业，每次回家她都已经完成了作业，可究竟是飞速地应付，还是认真地去巩固掌握，这就不得而知了。好在她的成绩还算稳定，直到她偶尔展现出来的能力让我们惊叹不已，我才终于放下了心——

　　一天，我无意当中听到如意的同学给她打电话，问她英语作业是写练习册的哪一页。如意回答说："我也不知道，没记。"顿时我默默在旁边咬牙，心想：这孩子，英语作业不记哪页，要不是别的同学问，估计都不写了。本想等她挂了电话就批评她一顿，让她明白不能因为自己英语成绩好，就这么不认真。谁知道自己还没想完，就听她继续说："因为我把整本练习册都做完了，老师爱留哪页留哪页，反正我也都写了。"听完之后我吃惊得下巴差点掉下来，心想我居然养了这么个传说中的"别人家的孩子"，连期中都没到，她居然已经把整本练习册都做完了。等她挂了电话，我凑过去问她："你把整本练习册都做完了？"她一脸漫不经心地说："是啊，反正都会，有空就都做了，省的还得惦记着老师留哪页了。"联想到她的英语成绩和之前就已经开始的英语学习，我对这点不再怀疑。想夸她竟然找不到一个可以表达我内心激动与肯定的词语，又怕我夸得太猛烈了她会骄傲，只得强忍住内心的雀跃轻描淡写地"哦"了一下，心里的喜悦却是骗不过自己的，她爸回来之后，我又偷偷和他说了一遍，分享我们那点小骄傲！

△"作业和时间任由你决定"化用自——王菲《棋子》，作词：潘丽玉

　　见我对如意如此放心，身边有朋友也会善意提醒：一旦放松，对孩子放任不管，孩子就会变得拖拉。对于这点，我也有过担忧，毕竟如意尚在一个贪玩且应该无忧无虑的年纪，成年人还有沉迷玩乐的例子，对于一个刚入学的小学生来说，极有可能因为贪玩而分心，进而养成拖拉的恶习。

　　可实际情况是我与她爸在那几年里确实都很忙，空闲时的陪伴是可以做到，也坚持做到，但要每晚坚守，实在是有些力所不及。好在早在如意开始学琴的时候我们就已经告诉她时间是她自己的，她自己如果分配不好，损失的是自己。

对于拖拉的问题，我一有发现，就告诉如意，时间是她自己的，而对于如何让如意来感知"时间是自己的"呢？我会给她算：晚上九点半必须上床睡觉，睡觉之前必须要完成作业、收拾书包、洗漱。如果八点半之前这些事情都做好了，那剩下的一个小时她可以自由支配，如果她磨蹭到九点，就只剩半小时自由支配的时间。再磨蹭，她会一晚上都在我的催促和自己的磨蹭中度过，最后也没时间玩，还搞得我和她都很烦躁。这样讲完，她就开始尝试很快把事情做完，来找我说："妈妈，咱俩玩烤面包的那个玩具吧，你来买，我来卖。"我心想，都这么大了还玩这么幼稚的游戏，但是忍住说："好啊，你的时间你可以做主，我陪你。"我需要让她尝到自己抓紧时间的甜头。然后帮她定了九点半的闹钟，到了时间就收拾好玩具，洗漱睡觉。

说实话，我一直不明白，这样我卖了她买，她卖了我再买的游戏有什么乐趣所在，但是如意一直钟情于这样的游戏并且乐此不疲。为了不让这个重复动作的游戏显得那么无聊，我还得故意穿插着问："今天你这里有没有打折啊？""帮我打包两个面包吧。""今天有免费赠送的饮料吗？""今天小孩（如意抱着的一个毛绒玩具）有免费送面包活动。""今天买三赠一。"……终于坚持到她睡觉的时间，我已经快词穷了。如意很满意，证实了一下时间果然是她自己的，然后心满意足地睡觉去了。

不过一段日子之后，她就懈怠了。我还要在她边洗脚，边随手拿起本书看的时候提醒她不可以一边洗一边玩，她"哦"了一声，就赶快去洗漱刷牙了。有时候我也故意不提醒，让她磨蹭着，等她想起来看时间的时候惊呼："啊，怎么都九点二十五了？我刚才看才八点多啊！"然后自己无奈地睡觉去了。虽然这样的情况经常反反复复，但是她终归是明白了时间是她自己的。

记得一个教育专家也曾讲过关于孩子拖拉的问题，我印象非常深刻，除了要让孩子懂得抓紧时间之外，剩余的时间就一定要让孩子有可支配的机会，否则，孩子抓紧把事情做完，发现还有更多不是自己情愿做的事情在等着他，那拖拉就是必然的。我支持这个概念，也一直借由不同的事情向如意传达这个理念，因为只有她明白这个道理，才会懂得珍惜时间，主动规划好自己的时间。

虽是有意培养，但我们依然庆幸如意从小便养成了这样的好习惯。这让她做事更有计划，也更从容，同时也减轻了我和她爸的一些负担。只是还有一件事，让我还不能松心，那便是学校留下来的各种五花八门的作业。什么剪纸、绘画、手工作业，这让很多家长极为头疼。我呢，虽是学艺术设计出身，但由于那些年工作太忙，学校这样的作业可谓是平添了一项工作，起初我们也是心存埋怨的。

拖着工作之余疲惫的身躯陪如意做了几次之后，我意识到了自己的问题。我的不情愿会直接影响到孩子对这些作业的态度，开始还感觉新鲜的她慢慢产生了厌恶的情绪。我开始反思。首先，我坚持的理念是"陪伴"，而非"教育"，好的陪伴应该是以相同的心态共同度过。在陪伴如意成长的过程中，我有许多的瞬间都在恍惚，仿佛我在用一个成年人的心智重新度过了一次童年，这次的童年里有一个小女孩陪我，我不孤单，也更懂得纯真的喜悦。当年我的学生时代可是没有这些种类繁多的作业的，那时埋头在数学和语文两门课程的单调乏味中不得自拔，曾经无数次幻想的丰富多彩的校园生活在陪伴我的那个小女孩身上实现了，我该羡慕，该欣喜啊！再说，就算是手抄报的作业，也总比生硬地抄写词语要有趣得多吧。这么一想，我开始享受，甚至是期待学校布置这些作业。即便工作再忙再累，和如意一起动手的时光也显得那么愉悦与轻松，我的灵感与她的思维相互碰撞，一起精彩着我们的童年。

# 把知识的书签夹在世界

界世在夹签书的识知把

　　手抄报这样的作业，我小的时候也做过几次，但现在学校布置的主题要比我们当年丰富得多了。如意在上一年级的时候，还不具备太强的规划能力，我便会依着老师布置的主题在网上寻找图片，然后学着画，画好线条之后会留给如意来上色。就算是我很享受这样的作业，也不应该全部代劳，我打底，如意涂色，这样我们就都参与进去了。我一边画还会一边告诉她一些基本的要求，比如上下左右要留有一些空余，不要画到边框上；横版和竖版的版式要怎样规划文字和图片的位置；想要文字多些或是图片多些要怎样安排版面；遇到表格要怎么计算行与列，每行每列都是做什么的……一边画一边告诉她，她也会在不知不觉中积累很多课外的知识。

　　我还教她涂渐变色，这些随着她年龄的增长、能力的增加，都会成为她的技能。慢慢地，在我忙的时候，或者手抄报仅仅是普通作业的时候，她自己就可以独立完成，并且做得也足够有水准。学校有手抄报比赛或者相关活动的时候，我再加入，帮她规划一下，助她一臂之力。

有朋友就说："我从小都是让她自己画，画得好坏都是她自己的，就是锻炼孩子自己的能力。"我能够理解家长这样的想法，但是我也有自己的观点。在我看来，孩子的每一个尝试，用到的每一个新的能力，都不是与生俱来的，如果想做好，想把这个能力掌握好，需要有一个引导的过程。一下子让孩子全部自己画、自己写，孩子首先会感到迷茫、不知所措，即便勉强完成了，结果画出来不像样子，拿到学校和同学的作品一比更是觉得没有了自信。所以我一直认为，这样的作业并不是直接扔给孩子就可以了，而是需要家长循序渐进地配合，在她小的时候帮助她，再一点点来放手，并不用担心孩子会因此产生依赖心理，当她有一定能力的时候，她就会忍不住地要你放手，证明自己可以。当如意自己独立画完了一张手抄报的时候，我都会表扬她，给她自信，然后也会提一些建议，目的是让她更好地掌握这个技能。

有一次她和同学互相交换着书看，自己还设计了一个表格用来标注交换的信息。我特意夸奖了她，没想到她能从手抄报的表格制作中学会举一反三。她在表格里设计了书名、借书人、借书时间、还书时间，表的外面还装饰了一些小花边，所有的信息都非常清晰明了。这张表格是她自己的创意，也是由她自己独立完成的，所

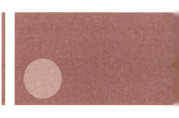

以手抄报这样的作业虽然会让人误以为麻烦，但也是学科之外培养孩子综合能力的一个机会。每天工作忙忙碌碌，回到家得知学校留这样的作业让我不得不放下手里的事情，这样反倒是和孩子有了交流的机会，增进了我们的感情。陪伴不仅仅需要一个完整的大块时间，零零碎碎的陪伴更能填满一颗孩子的心！有人问我哪来的那么多时间？哪来的那么多精神？说来也简单，不过是把追剧、聚会的时间放弃了。

有时我觉得可能正是因为这样零碎的陪伴才让我们更加珍惜彼此。学校偶尔会让孩子们查询、搜集一些与教学内容有关的课外知识，就是因为这些功课，我开始教如意如何上网查资料，但又不可能每次都全程陪在她身边，只告诉她规律就放任她自己去操作，等到查完需要做简短总结的时候，我会帮几次忙。让她了解到方法和技巧之后就全部交由她自己处理，后来她就发现原来上网查资料这么好用。

一次我要去外地出差几天，收拾行李的时候发现行李箱里有一张纸条，纸条上面写着我去出差的城市未来几天的天气预报，我问如意："是你写的？"如意说："是啊，您可以按照天气收拾行李。"当时我心里一暖。那一刻我对学习的感触颇深，我们送孩子去学习，学的

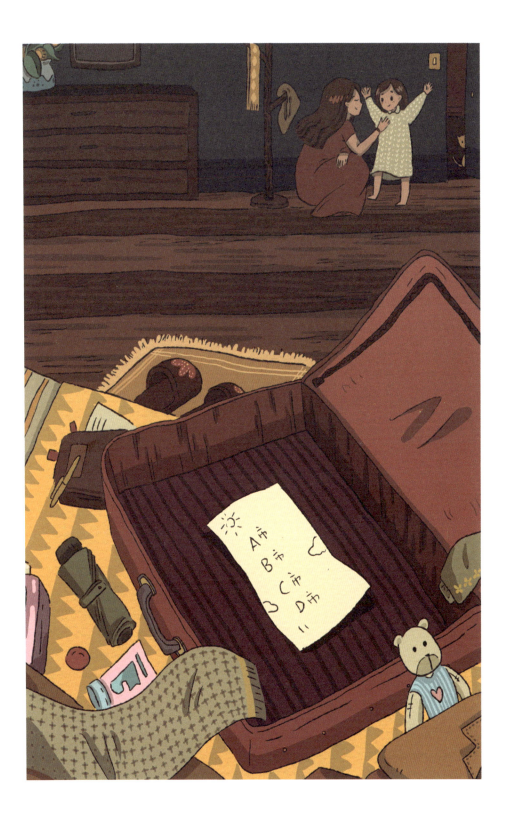

是什么？不就是学会技能，学以致用吗？而且当孩子尝到了这样做的好处时，她会进入一个良性循环。

　　有一次老师留的作业是查一下两个民族的图腾，然后再画出图腾。我们两个一起查，查到之后比较了一下两个图腾哪个更简单，更方便画，画完又给她讲了这个图腾寓意是什么，为什么这个民族会以这个图腾做代表。第二天放学回来，如意兴高采烈地和我说："妈妈，我们全班只有我一个人可以把画的图腾的寓意说出来，老师奖励了我一个印章。"我马上接着她的话说："你看你老妈有先见之明吧，就知道老师会问，要知其然更知其所以然。"自那以后再有类似的查询知识的作业，她都会自觉地多看几句说明，多了解一些内容，最开始可能是准备着在老师提问的时候多得一个印章，后来就养成了一种遇到新知识便要深入了解的习惯，即便没有了老师的提问，她也欣然地享受着吸收新知识的乐趣。

△"把知识的书签夹在世界"化用自——石川小百合《春夏秋冬》，作词：小渊健太郎

# 你的公平，太多华丽的理由

小孩子的认知大多是非黑即白的，单纯却也容易让人烦恼。如意也会因为一些事情觉得这个世界不公平。比如去年她代表学校去参加了区运动会，得了第二名，学校没有给什么奖励。今年她没去参加，但是学校给每个参加区运动会的同学都准备了奖品。如意就觉得不公平，去年她们参加的时候什么都没有发啊。为此她纠结了一段时间。如何让她理解公平其实是相对的呢？我想起她曾经因为做公益去过河北一些贫困家庭入户调研。

于是便问她："你出生在北京，出生的时候咱们家就有汽车，我也有钱让你去上你喜欢的课外班，带你去旅游。你再想想你做公益去过的贫困户家的孩子，他们就出生在只能长土豆和玉米的大山旁边，想走出大山都是很难的事情。这对那些孩子公平吗？"

如意说："不公平，他们出生就没有咱们的条件好。"

我说："对，你觉得你生在咱们这个家庭，爸爸和妈妈都是普通人，和那些明星家的孩子相比，那些孩子出生就可以出国旅行，可以读国际学校，可以有更多的机会见到更多的名人，学习更多的技能，这对于你来说公平吗？"

如意说："也不公平。"

"所以这个世界并没有完全的公平，你认为学校今年发了奖励，而去年不发，也许是因为学校去年没有这部分费用，而今年学校为了鼓励学生特意计划出来了。这是学校尽力为你们着想越做越好。

"也有些事情就是不公平的却没有办法，就像你出生在什么地方和什么家庭，你不能选择，也就没法说公平与否。有些规则，你认为不公平，但是在别人的角度或许是最好的解决办法。

"未来你会看到很多你认为的不公平，但是发牢骚是解决不了问题的。不重要的就不要过分纠结，重要的就去努力争取。"

如意没有更多地说什么，但是我想她也会慢慢思考，也会慢慢碰到很多她认为"不公平"的事情，希望她在未来的成长中会理解我说的话。

看到如意不断地在养成好习惯，我们深感欣慰。但我们深知，父母不可能时刻陪伴在孩子身边，也不可能像她小时候一样事无巨细地帮助她。终有一天她要独自面对世界、处理事情。我们能做的，也只有在她年幼的时期，帮她养成正确的价值观。只有如此，才能放心她在离开我们之后依旧可以坚定内心、不走歪路。在学校，她要学习专业知识，但同时也会在潜移默化中模仿周围人的价值观和处事方式，这些事情我们几乎无法在第一时间发觉，可当我们意识到的时候往往她的改变已经到了深入骨髓的程度，难以再去修正。为此，身为家长，我们必须在她开始接触到不稳定因素之前就告知她要如何分辨和选择。

一个午后，我们开车在路上，我问如意："你觉得你要具备什么样的条件，才能让你在长大之后，妈妈不在身边的时候，还能保证自己不犯错误呢？"如意说她不知道。她怎么会知道呢，年纪还那么小，但就是这么小的年纪我们才更容易告诉她。或许她听不懂，但她会记住你说的话，随着她慢慢长大，这些记忆深处的话以及当时的情景会再次浮现在脑海，那时的她自然会去分析和理解。我说："首先你要有判断力，知道有些事情的对与不对，好与不好，然后还要有毅力，你知道什么是不好的事情，再有诱惑力也可以有毅力不去做，把精力拿去做你认为对的事情。如果你具备这两个条件，那你至少不会学坏。"

前几日看到一则新闻：一个孩子因为期末考试成绩不理想，在学校跳楼自杀了。借着这个新闻和如意说了我自己的一件小事。我上学的时候参加过一个设计比赛，当时为了这个比赛，我夜以继日地准备，非常自信自己可以入围，因为我是班里成绩特别好的，老师也非常看重我，可结果出来，我没有入围，反而是班里平时成绩不怎么样的一个同学入围了。当时看到结果的我感觉如果面前真的有地缝，我会毫不犹豫地钻进去。在学校还表现得满不在乎，踏出学校的那一刻，我的眼泪唰地落了下来，就那么模糊着视线走去了车站。坐在车上无神地看着窗外，任凭眼泪往下流。到家后就扑倒在床上大哭。我觉得我那么努力，为什么那么不公平，明天没脸再去学校了，同学一定都在嘲笑我。后来姐姐安慰我、劝导我，我也冷静下来自己分析原因，可能确实是自己运气不好，交上去的作品设计方向和大多数人冲突，这其中又有许多的人比我设计得好，而入围的那个同学可能刚好设计的是很少有人涉及的方向……不管怎么样，最后在姐姐带我去吃了顿必胜客之后，算是过了心里这道坎儿。现在回想起来，那个比赛在我的人生中什么也代表不了，更算不得什么大事。

我告诉如意："你也一样，很多时候，你认为过不去的坎儿，就是你心里的坎儿，无论遇到什么事情，都别放弃生命，因为放弃了生命，一切就都没有了。"

如意说："我知道，我们班的学霸英语考了98分，哭了一天，午饭都没吃，我给他端了一碗粥。我们同学都说要是自己考98，还不开心'死'，他还在哭。"

她漫不经心地讲，我却颇有感慨地听。我们该如何面对如意的成绩，她的学校不是所谓的重点学校，我们也只是最普通的家长，有时候会想，一个女孩子，不用那么拼了，差不多就好了，做个普通人就可以了。但有时看到其他孩子十分优秀、成绩名列前茅，又难免焦急得心里没了底：我们这样会不会让孩子以后埋怨当初为什么不逼她一下？转头看到因为一周报了十几个课外班，成绩虽然优秀，身体却被拖垮的孩子，又会反过来想：只要孩子健健康康，比什么都强。

或许许多的家长都如我一般，纠结着。在无数次的纠结过后，我和如意她爸达成一致：既要重视眼前，又要放眼未来。我和她爸学生时代都不是学霸，家境也都相当普通。如意呢，虽不是笨孩子，但是也没看出来是个天才学霸，所以在把成绩稳定在中上等位置的基础上，适当拓展其他方面的能力就可以了，不能学成书呆子。这就是我们的基本要求。正是因为有了标准，如意期末复习的时候，我们从不搞题海战术，而是把所有练习册、试卷上的错题都找出来，改一下数字，让她重新做一下，看看是不是都掌握了，如果还是出现错误，就给她讲解，然后再做，这样更有针对性，复习效率也高。语文和英语想要临时突击是不太可能取得好效果的，基本都是要在平时的学习中就认真对待，期末也不用我们来帮她复习。数学估计是遗传了我的基因，需要费一些力气，每到期末都要特别地复习。尤其到了三年级之后，这个问题就更为明显了。

我们身为父母，发现孩子的一点点优点，就容易无限放大，觉得我的孩子简直是天才啊，我像他这么大的时候哪里懂这么多？简直太聪明了。再想下去，就该直接保送清华、上哈佛了。只有当面对更优秀的孩子时，自己才会清醒，甚至最后觉得是自己的基因拖了孩子的后腿。

△ "你的公平，太多华丽的理由" 化用自——齐豫《如果真的不要》，作词：王新莲

120

正在上班，手机就叮叮叮地连续来了几条信息，一看是如意发来的消息，说她没有评上"三好学生"，同学投票差了一票。我一惊，怎么会票数不够？如意从幼儿园到五年级，一直是班长、优秀学生、三好学生、大队委，荣誉和头衔不断，我也仿佛习惯了她拿回来的各种奖状。还没琢磨出是什么问题，老师的电话就打了过来，她说如意没有评上三好学生，同学投票确实是差了一票，但是评上了唯一的优秀班干部，不过如意有点小情绪，嘱咐我回家和如意好好聊聊，安慰一下她。我答应着说："明白，谢谢老师，我一定好好安慰她，也是一种挫折教育。"

挂了电话，其实我觉得自己也需要平静一下。脑子里迅速思考着为什么投票那么少，是不是因为她对同学太趾高气扬了？虽然小升初现在取消了推优政策，得到这样的荣誉并不能有任何加分，但是对如意来说，这是她第一次觉得每年唾手可得的荣誉就这么溜走了。

果然，回家如意就开启了问题模式，无心吃饭，一脸不服气地说："我们班同学在投票之前拉票，好几个人都和同学说，如果投票给她，就给他们小礼物，或者告诉他们她的小秘密。"

我问如意："你拉票了吗？"

如意哼了一声说："我才不用这样的手段，我靠实力。"

转头又噘着嘴说："然后就没评上，差一票。"

哦，原来是这个原因，"那你觉得他们那样对吗？"

如意说："当然不对了，这是不公平的啊。"

"那我教你一句话，叫大丈夫有所为，有所不为。虽然你不是大丈夫，但道理是一样的，有些事情就算卑躬屈膝也要去做，但有些事情，八抬大轿来求也未必会理。这句话是说做人要有原则，你就是有原则的人，坚持了你认为对的事情，这比你得了三好学生更值得让妈妈骄傲。"

如意听了我的话似乎没有得到宽慰，说："可是会影响我下学期评选大队委啊，我都不是三好学生了，评选大队委会不会就没人投我的票了？"

哈哈，真是个"官迷"，还惦记着大队委呢。我只能继续安慰："大队委评选是综合能力，也不是只有三好学生可以当，何况你从三年级一直做到了五年级，是最有经验的。"

如意一脸烦躁地说："其实我也不想当大队委了，我当大队委，学校安排的事情不是特别多的时候，同学就说我当个大队委，也没看见我干什么，说我是花瓶儿。可是我要是不当了，他们肯定又会说我能力不行，不让我当了，笑话我。"

我这才发现，没有选上三好学生，她自己的连锁反应有这么多。

"你愿意当大队委就去争取，然后做好你的事情就好，既然你怎么做都会有人说风凉话，那就做你想做的，做好就行了。"

如意姥姥在屋里听着也忍不住出来说："大队委你还是当吧，能锻炼好多能力，学好多东西呢！"

我连忙附和着说："是啊，这些能力比你拿个三好学生证书都有用。"

没想到如意说："那我以后也不争取了，反正今年没有当三好学生，我也拿不到市级三好了，市级三好是要连续三年三好学生才能得的。"

我知道，她说的所有问题，都是基于她没有评上三好学生，这对于她来说心理上有点难以接受。其实从小到大，我们并没有要求她一定要拿到什么奖，一切顺其自然。但是随着年龄的增长，接触的人增多，走进更大更强的环境，必然不可能所有的课程、考试、荣誉都属于她。赢固然好，输也是人生常态。人要努力，要追求梦想，但是也要忍受失败的淬炼，还要知道有所为，有所不为，更应该接受人与人之间的差异性，承认自己的优点与缺点。不可能整个世界都是你的。所以就把这次评选的失利当作一次挫折教育吧。

我决定吃完饭陪如意出去走走。在街边的花园漫步，我俩边走边聊。

　　"如意，其实你没当上三好学生，心里难受，我是理解的，我也觉得心里不舒服，这还是第一次你没拿到三好学生呢。不过我也没觉得这是你的问题，你所有成绩都是优秀，你和爸爸这一个月的复习也很有成果，我们都很满意。至于投票，你也坚持了你认为对的做法，我印象中很早就和你说过，你要有分辨能力，分辨出对和错，然后坚持选择对的事情。你今天就是这么做的，我支持你的做法。"

　　这时候的如意不再像晚饭时那样愤愤不平，也或许是她也害怕没有当上三好学生我会埋怨她吧。听我这样说了她反而安静了。我趁热打铁继续说："再来看看你说的不公平，记得我原来和你讲过这世界上没有完全的公平，你努力了有可能没得到你想要的，但是你努力了，不后悔，对不对？你不会因为你没得上三好学生而后悔自己当初用功复习了，因为知识你已经学会了。"

　　说着我们已经走了几圈平时漫步走的路线，找了个长椅坐下，如意说："那咱们说说暑假去哪儿玩吧，我各科分数都达到了之前的计划。"

　　这孩子倒是听劝，我这说得一本正经的，她已经开始打她暑假模式的小九九了，不再为这三好学生的事情纠结。其实我的目的已经达到了，也许我讲的话她似懂非懂，也许她更在乎的本就是我对于没得到三好学生的反应，但我希望她在成长中，从心理上接受自己的不完美、世界的不完美。

# 第五章

## 悄悄地寄给你，爱的书简

### ——软实力的培养

# 翻开书本把习惯找寻

　　最近各种文章都在说，得语文者得天下，看到后我深有同感。如意的作业中有一道数学题，题目居然就写了十几行，给我看过之后，我读了一遍竟然没明白要干什么。又读了一遍，才大概明白题目的意思，读到第三遍才想出来应该怎么做，作答的时候还差点丢了一个步骤。其实这道题真正做起来计算步骤都不难，但要是读不懂题目，这道题的分数就拿不到了。这也让我非常理解"得语文者得天下"的意思。为了这个语文，也要多看书，而看书真的是从小就要培养的兴趣。据说，犹太民族，在孩子刚刚懂事的时候，母亲就会将蜂蜜滴在书本上，让孩子去尝一尝书本上那一滴蜂蜜的味道。这种传统让孩子在人生伊始就懂得"蜂蜜是甜的，书本也是甜的"的道理。这样，孩子从小就像爱吃蜂蜜一样爱啃书本，在幼小的心灵中打下热爱读书的烙印。

虽然我们没有这样的习俗，但道理是相通的。如意两三岁的时候我们给她买了各种各样的绘本，很多书都不在乎是什么语言，买过法语的、英语的、韩语的，但是最重要的一点就是这本书一定要好玩，即使都是不认识的字也可以大概知道内容，比如翻开后会有很多机关的立体书、可以用手摸到不同质地触摸材料的触感的书，还有拼图书。如意最喜欢的一本是有关动物的书，书的中间是一个洞，每翻开一页，都可以把脸放到那个洞里，洞的周边就是各种动物造型，打开就变得立体。那时候如意就经常举着这本书，对着镜子，一页一页地翻开，看着自己一会儿变老鼠，一会儿变公鸡，一会变儿山羊的，嘴里还学着这些动物的叫声，然后自己笑得合不拢嘴。

还有更好玩的，记得有一本书叫《世界上最大的熊》。书中的小熊问爸爸，世界上最大的熊是谁，然后它们寻找了很多大熊的雕塑、画，书的最后一页是深蓝色的背景，有很多小小的孔，孔里藏着灯，一打开这页，灯就发出微微的光，像天上的星星一样，原来最大的熊就是天上的大熊星座。这本书让如意觉得特别神奇，每次翻到最后一页，她都左看看右看看，盯着象征大熊星座的灯，用小手去摸那个灯的孔。合上书，灯灭了，就再打开，可能在她幼小的心里，这是个很神奇的事情吧。有的书更神奇，每一页打开，书里的内容都会立体地站起来。这本书是用来学习数字的，比如数字5，翻开就会有五只小猪立体式地站起来；数字6，就会有六只天鹅形态各异地立体起来。如意就是这样在好奇与惊喜中爱上了书，在她幼小的心里，书是多种多样、千奇百变的。等到她长大了一些，我就买了一些带文字但是文字比重比较小的绘本类图书给她。

印象中有一本书叫《老婆婆吃了一只苍蝇》，她很喜欢让我给她讲这本书，一讲就是好多遍：一个老婆婆吃了一只苍蝇，为了把这只苍蝇抓出来，她就吃了一只鸟，为了把鸟抓出来，她又吃了一只猫，为了把猫抓出来，她又吃了一只狗，最后直到吃了一头牛，老婆婆被撑死了。看似荒诞的故事，配合卡通神秘的画风，其实讲的是一个食物链。曾经，如意同学的家长和我说让孩子们互相交换着书看，我还特别把如意最喜欢的这本书和他们交换，结果被他们鄙视了一下，说："你这给孩子买的什么书啊？"听这话的意思就是说这本书也太没水平了。再看看人家给孩子买的书，都是写科学探索类的、世界名著类的大书，再看看我，买的《小黄和小蓝》，讲的是一个黄颜色的点点和蓝颜色点点是好朋友，拥抱在一起变成了绿色，就这么简单。

　　还有一本印象深刻的书是《月亮的味道》：小动物们都想尝尝月亮是什么味道，后来大象、长颈鹿、斑马、狮子、狐狸等小动物，就像叠人梯一样，一个个地叠起来，最后小老鼠爬到最高处，"咔嚓"一声，掰了一块月亮，尝了尝。如意看到这里的时候都咽了一下口水，我想那时的她是多么希望自己是那只小老鼠，伴随着"咔嚓"一声，就尝到了月亮到底什么味道。这富有想象力的内容，让我和如意非常痴迷，我俩就分享各自认为小老鼠吃到的月亮是什么味道，我想象的是像爆米花一样，香香脆脆的；如意觉得应该是像茯苓夹饼一样，软糯香甜的。

　　一本书可以给我和女儿如此美好的想象空间，所以即便是备受冷眼，我也依然坚持我的想法：读书的习惯和书籍本身都是要陪伴孩子一生的，不必也不应急于在孩子年纪尚小的时候让她了解高深的科学知识和需要深层理解的世界名著，在孩子刚开始接触到书籍的时候，让她认为看书是件非常愉悦的事情才能有一个良好的开始。倘若从小就觉得看书是为了应付父母交代的任务，没有真心地感受到阅读所带来的快乐，对看书产生了厌倦甚至反感的情绪，那么未来不管有多少好书、内容多么有意义，孩子可能都不愿意去读了。

　　当如意年纪稍大一点，可以跟着我看文字多一些的绘本时，我便用手指着字给她读，读到哪里，手就指到

哪里，这样她对每个字都会有一个模样的记忆，对于日后识字非常有帮助。通常一本喜欢的绘本如意会让我反反复复地给她读很多遍，读多了，她自己也就能读下来了。待到她上学之后，我便开始给她买一些带拼音的书，不过靠拼音阅读的时期非常短暂，很快就会度过。度过这个阶段，她就可以自己阅读纯文字的书籍了，大姨送给她一套市场上非常流行的儿童小说。起初她并不喜欢看，整页的文字密密麻麻，她看起来还有些吃力。我们没有强迫她，而是带她去选了一些字间距稍大一些，但也都是纯文字的书，内容上也是特意选择了比较偏拟人、童话的故事书。我们和如意也会一起同看一本书，这样我们之间就有可以交流的共同语言了。记得我们买过一套《可多乐和鲁道夫》的书，一起读过之后，我俩就讨论里面的猫为什么叫那个名字，讨论故事里那个看上去凶巴巴的老奶奶究竟是好还是不好。

如意上二年级时的那个"世界读书日"，我对她说："今天是'世界读书日'，我们来做个游戏好不好？"如意非常开心地答应了。关于"世界读书日"，学校早

△"翻开书本，把习惯找寻"化用自——许嵩《星座书上》，作词：许嵩

早地有了宣传，很多媒体也做过介绍，她对此并不陌生，直接问我："那游戏怎么玩呢？"我说："你可以在我的书柜里用你的零花钱按照书的价格购买一本我的书，因为'世界读书日'的全称是'世界图书与版权日'，每本书都是有版权的，需要尊重版权，购买正版的书籍，也就是说不能因为觉得这本书特别好，就去私自把里面的内容复制出来转印成书去卖。所以'世界读书日'这一天，我这里就是一个书店，你来买我的正版书籍吧！为了感谢你支持正版书籍，明天妈妈送你一朵玫瑰花！"

如意欣喜地接受了这个游戏，她从我的书架上买走了《民族文化》这本书，可能因为我们在此之前刚刚去过中华民族园的缘故吧，她知道了很多与少数民族有关的知识，所以也想从书中了解一下少数民族的文化。第二天我信守承诺买了一朵玫瑰花送给她，并告诉她读书是一个美好的事情，它可以让人生的每一步开满鲜花。想来那时的她还是不明白这句话的意思的，但已经喜欢上书籍的她终有一天会自己体会到那份字里行间流淌出来的美好！

# 这么多元的童年

有句古话讲："纸上得来终觉浅。"生活的五彩斑斓似是融入风中，抓不住却也无处不在，没有了切身的感触和欣赏，怕是只能觉得微凉了。除了阅读之外，我们也很希望如意从小便能够真切地接触、了解各方面的文化和知识。比如京剧，这是在书本上怎么读都读不透彻的，只有真正听到那一句句唱段，看到一个个扮相才能明白什么叫作"云遮月"，什么又是"云手"。我自己本身就很喜欢各类戏曲，当时年纪小，中午回家打开收音机，相声、评书、各种戏曲的节目伴着我午休的时光。现在的孩子哪里还能体会到那样的环境呢，有太多的娱乐节目充斥着他们的世界。我希望如意在纷繁的时代可以有更多的兴趣，比如才不会在未来沉迷于某些单一的情节，或是迷失在缤纷的斑斓中。当然也是私心想和她有更多共同的话题，所以我鼓励她，给她创造条件接触京剧。万一她真的喜欢呢，也是对国粹的一种保护和传承。

在她六岁的时候，我带她去拍了一套京剧写真，拍了杨贵妃、薛湘灵、虞姬的造型，她可以真切地感受一下京剧的妆容。百年的艺术直接惊艳到了这个六岁的小女孩。光化妆就化了一个半小时，但她没有丝毫的不耐烦。穿戴整齐之后，每走一步，她都小心翼翼，生怕头上的头饰会掉下来。现场有老师教她京剧的身法和手势，她也积极配合，那一天的拍摄进行得相当顺利。回家后，我俩边洗澡我边给她讲她拍的《锁麟囊》这出戏的故事，我说："妈妈最喜欢看这出戏了，因为最后是个大团圆的结局。这出戏讲的是一个叫薛湘灵的女子，生在富贵人家，结婚的时候家里人给她准备了特别多的金银财宝，其中有一个锁麟囊，就是一个绣着麒麟的口袋，里面装了最好的宝贝，结婚那天赶上天降大雨，薛湘灵的轿子就在一个亭子里避雨，一同避雨的还有一个结婚的轿子，那个轿子特别破，轿子里的新娘子因为家里特别穷，对比薛小姐的轿子，就伤心地哭了。薛湘灵心地善良，就把自己的锁麟囊送给了她，而且没有告诉她自己的名字。多年以后，薛湘灵家发大水，她和家人被大水冲散了，无奈去一家有钱人家当保姆看孩子，在那户人家她发现了当年送人的锁麟囊。原来这家就是被她赠予锁麟囊的人家，两个人相认，后来薛湘灵的家人也找到了她，最后大团圆了。"如意听完这个故事，很感兴趣，让我给她找找视频来看，我便从网上找来了《锁麟囊》整场的视频，分两次给她看，没承想她竟然津津有味地把整场戏都看完了。或许是因为她已经了解了故事梗概，自己也尝试过薛湘灵的服装和造型，比较有同感也比较好奇，而且她看完之后还总结说："妈妈，你看薛湘灵开始挑选嫁妆的时候这个不行，那个也不行的，总是为难她的丫鬟，真的挺坏的。但是呢，她送了别人锁麟囊，所以后面她被大水冲散了家人，也受苦了，最后因为锁麟囊又得救了，这就是种福得福吧！"我说："是啊，有时候不是你今天做了一件善事，明天你就能得到什么好处，但是，你心安，也许就因为你当初做的这件善事，很多年后才发现是为自己积福了，还有句话叫‘但行好事莫问前程’。"就这样，一出京剧让如意了解到戏曲的美，更从故事中有了思考。之后，她便开始对京剧产生了浓厚的兴趣，我又带她去剧院里看过《白蛇传》这种唱、念、做、打俱佳的整场京剧，她那双清澈的眼睛看着台上的人翻着跟头、踢着枪，都顾不上眨眼了。虽然我没想过要让她学习京剧或者成为票友，但是看到她了解我们自己的传统文化里的美，我们之间又多了共同话题，这又何乐而不为。

如意在学校学《笠翁对韵》的时候，让我想起曾听过的一段相声——《解学士》，讲一个卖豆腐的人的儿子和丞相对对子，相声里有很多有意思的对联。我翻出音频给如意听，从此如意喜欢上了刘宝瑞，以至于那年年底网易云音乐的全年系统总结里，我的"最喜爱的歌手"一项是"刘宝瑞"。后来我还专门带她去听过小园子里的相声，点一壶茉莉花，来一盘瓜子和小橘子，感受现场的气氛，她亦笑得前仰后合。

或许是因为从小接触或者感兴趣的事情都和"听"有关，如意每晚睡前，都会听一会儿音频的内容，比如讲解唐诗、文物、历史故事。我们家有规定，如果她九点半之前做完了所有该做的事情，她就可以睡前听音频，定时关闭。所以她把听这些音频当成自己准时做完所有事情的一个奖励，每逢周末，我就会陪在她床边，一起听音频。每周的这个时刻都是如意最幸福的时候。2017年高考前后，我们特意选择听了《蒙曼讲唐诗》里面讲解一首关于唐朝科举的诗，除了讲解这首诗，蒙曼教授还介绍了古代科举制度中除了有推荐制，不是一考定终身，还有平时成绩和现场考试，最终综合所有表现再决定是否录取。在这首诗里讲的并不是考试，而是"洞房昨夜停红烛，待晓堂前拜舅姑。妆罢低声问夫婿，画眉深浅入时无"。把自己参加科举的那种心情比喻成一个新娘第一天拜见公婆。对于如意来说，以前读的古诗大部分是写景色的，这样有引申意思的诗还是头一次遇到，这短短的一首绝句她来来回回听了很多遍，向我感慨这样的古诗真是有意思。我说："我们也可以写啊！"刚好她姑姑不久前去了颐和园，拍了四张照片发给我们欣赏，我们一家三口便以这四张照片为题，每人写一首诗。我写的是：春雪消融落寒冰，玉带飞虹满河星，青晏无系万寿麓，历经沧桑狮不惊。如意爸爸写了一首：春雪覆冬冰，孔桥揽阙亭。石舫镇福海，寒狮待天晴。最后轮到如意写了，她翻出以前买的《笠翁对韵》，原来还只是看，此刻终于派上用场了，我便和她一起看着图片，选合适的词语句式，最终她也写出一首：飒飒冰雪立春来，十七孔桥风月白。石狮坐等旁人观，舫间雕饰巧匠裁。这三首诗在专家看来可能还不符合古诗的平仄，但打油诗总还是算得上的吧。我特意发了朋友圈，收获点赞无数。如意第一次感受到作诗的乐趣，也是无限自豪。自那以后也就更为喜欢听古诗词类的音频了。

除了听京剧、古诗词、相声，我还带如意去现场听过评书，也去过各类乐器的专场音乐会，看马戏表演，欣赏冰上芭蕾……感受在现场带来的无穷乐趣。

未来的社会必定是多元化的，在多元的社会我们希望她了解的当然不能只是流行歌曲，还要有更多值得了解和欣赏的文化，长大忙碌之余，能够有更多让自己开心的业余爱好，丰富自己的生活。说起来，这些事情也正是我这一代人小时候想做却没有机会做的，如今，倒是托这个小女孩的福，我也补上了儿时的遗憾。

△"这么多元的童年"化用自——张艾嘉《童年》，作词：罗大佑

# 不要不把她的害怕当真

　　常会有人在与我接触或通过我的文字相识后认为我是个性格外向的人，大多数情况下能和初次见面的陌生人迅速聊得火热，仿佛彼此是相识多年久别重逢的老友。但我自认为是一个性格偏内向的人，如意小的时候也和我这点一样。在她两岁多的时候，我们过年走访亲戚，趁她午睡，我便出门去了几个住在附近的旧友家拜年，姥姥陪她留在亲戚家。等我回来的时候，一进楼道就听到了她撕心裂肺的哭声，快步跑上楼敲开了门看到一屋子的人都围着她，百般地哄着。我赶忙上前接过了她，哄了许久她才止住哭声，而且直到我们离开亲戚家，她都不愿开口说话。自那之后的一段时间，她也只是在家里和我们几个人无话不谈，只要迈出家门，嘴巴就闭得"死死"的，邻居打趣说"这孩子的嘴被拉链拉上了"，不管楼里的街坊怎么打招呼哄她，她死活就是不愿开口说话。这倒还不算什么，在她到了该上幼儿园亲子班的时候，我带她去了两家幼儿园面试。其中一家的老师看她可爱，问她："你叫什么呀？"她就只是看着老师，不说话。估计那位老师是觉得她长得还算可爱，就继续说道："你是叫如意吗？"她依然是看着老师不说话，老师很有耐心，说："你说'是'就行啦。"我这个当妈的在旁边急得直出汗，但如意依旧是嘴唇都不肯动一下，更不要说开口说话了。另外一家幼儿园的面试老师被她不说话的态度搞得没有了耐心，委婉地提醒我要不要带孩子检查一下是不是有孤独症。听到这话，当妈的心里是千万个不相信，却又暗自担心这会不会是真的。

就在我觉得上这两家幼儿园都没戏了的时候，令人欣慰的事情发生了——特别有耐心的那位老师所在的幼儿园居然向我们发来了录取通知书，拿到通知书的那一刻我的心才稍稍放下了一些。可是如意这不和外人说话的情况依然没有解决，着实令人头疼。

那段时间一直是我母亲在帮我们带孩子。如意姥姥每天都带如意出去玩，遇到街坊四邻，不管她开不开口，姥姥都会告诉她应该怎么称呼这些长辈。可过了许久，她依然还是迈出家门就紧锁牙关。直到有一天晚上，我陪她玩过家家，我扮演可怕的老婆婆，她借着这个情景向我透露了一个情况："妈妈，我害怕一楼的一个姥姥，她总要打我！"

我听后一惊，怎么会，我们家与街坊四邻向来相处和睦，礼尚往来、人情世故也都处理得非常好，如意从小就不是调皮捣蛋的孩子，怎会有人对她有如此恶意呢？我问如意："是哪个姥姥啊，什么时候说要打你了？"

如意扬起小脸，委屈又带着坚定地说："就是住在一楼的那个，每次出门她看到我都会说'打如意'！"

我仔细想了一下，确定了是哪位长辈之后恍然大悟："天啊！那个姥姥说的是'大如意'，因为你刚出生的时候胖胖的，长得很壮实，她一直都叫你'大如意'，是大小的'大'，不是'打'，是你听错啦！"

如意听后紧锁的眉头瞬间舒展开来，似乎就是从那之后，她再跟着姥姥出门，遇到街坊长辈们逗她，她就开始慢慢地开口做出回应了。这件事再一次让我体会到和孩子交流是多么的重要。因为一个字，让她对人产生了误解，内心也蒙上了一层恐惧。但我们却只是流于表面想要最直接地让她张嘴说话，而没有去探究她真正不愿开口的原因。我庆幸自己没有因为她出门不说话而有过任何过激的言行，也庆幸自己愿意用陪伴的方式养育她，将自己置于和她平等的位置陪她玩耍，才得以让她愿意敞开心扉分享她的想法，否则，待到所有人的耐心都耗尽，冲动的言语或举动，怕是会让一个本就处于恐惧中的孩子感到更加委屈，直接锁死了自己的内心。

虽说是开始张口说话了，但每每遇到那些时常见到的长辈，如意的声音依然很小。我母亲说这就像当年的我一样，经常是我和别人打了招呼，人家都没有听到就走过去了。母亲也总是让我向邻居家的阿姨学一学她那样的爽朗。对于如意这样的表现，我就当是遗传了我的基因吧，有其母必有其女，对她也没有做过多的要求。转头想想，长此以往也不是一件好事，我就狠狠心，在某些特别的活动上，或是特定的场合鼓励她多说。

走亲访友之际，老人们都喜欢让小孩子来表演个节目，我会在出门之前和如意商量：她可以自己选择一个节目，万一老人们有了这样的提议，我们不至于措手不及，也不会因为孩子的扭捏拒绝而让场面太过尴尬。耐心商量过后她也答应得好好的。那一年过年我们去了如意的姨姥姥家，姨姥姥家亲戚朋友众多，家里各个房间都坐满了人。果不其然长辈们都说让如意来表演个节目，按照事先自己选定的节目，如意说她表演背三字经。只看她刚开始站到众人中间时还很自信，背诵的声音也相当洪亮，慢慢地就开始越背声音越小，眼睛里还开始有了打转的泪水。好在她最终坚持了下来，而收获的一打红包以及无数夸赞也帮她抹去了没有流出来的眼泪。

当我带她去吃麦当劳的时候，她想多要一包番茄酱，我会鼓励她自己去向服务员要。起初她是扭捏着不肯的，但我依旧坚持不替她去要，最终她提议让我跟着她一起去收银台，由她来开口和服务员要番茄酱，我这才答允。走到收银台旁，我就站在一旁，让她上前去和服务员说出自己的诉求，一般情况下服务员看到这么小的孩子会自己来说要什么东西，都会开心地配合，还会在递上番茄酱的时候夸赞一句。有了这一次的经历，如意发现这好像也并非什么难事，之后再有类似的事情，她也就不再拉着我一起去了。我会远远地看着她，看她拿到了自己想要的东西后，对她伸出大拇指，她也会笑着跑回来。

慢慢地，在一些需要举手发言或是需要上台参与的集体活动中，我也会鼓励她踊跃参与。在她读一年级的时候报名参加了一个英语比赛，比赛的颁奖典礼之前主办方征集节目，这当然是个好机会，我问她想不想上台表演一下，她犹豫了一会儿，怯懦地说想去。她能迈出这一步我自然是无比开心的，当即拨通电话，远程遥控她爸下载了一首《外婆的澎湖湾》的伴奏，那段时间她刚好对这首歌比较熟悉。当天下午，她们的带队老师为了奖励她们优异的表现，特意买了许多零食，想要给她们开一个聚会。这样一来时间就和比赛主办方挑选节目的时间冲突了，我自然是希望她能去展示自己，但也不愿意她就此错过了分享喜悦的时刻。选择哪一方还是该由她自己来决定，这本就是她自己的权利。当我问她自己的选择时，她坚定地说要去参加节目挑选。面对主办方的老师，她表现得非常好，顺利地被选中参与最后的演出。在得知这个消息的时候，留给她的就只剩一个晚上和一个上午的练习时间了。当时我们都觉得我们不是来参加英语比赛，而是来参加才艺比赛的。我和如意都没有接受过任何声乐方面的训练，但我又不想错过这个锻炼孩子的机会，就对照着歌词，给她编排了几个动作。如意有点放不开，动作幅度很小，我只说了句"咱们难得争取到这个机会，一定要把最棒的样子表现出来"，就和她一遍一遍地练习。练得多了，她也就烦了，估计也后悔前一天的冲动，结果入选了要来来回回练这么多遍，于是跟我说她不想上了。多遍的练习我也有些烦躁，但依然强压怒火，严肃地对她说："当初咱们商量的时候是你自己决定要参加，妈妈才给你报了名找了伴奏带的，现在节目定下来了，如果你突然不上场，节目单、主持人串词还有很多流程都要变动，咱们不能说话不算话给别人找麻烦。" 我知道，如果这个时候我松了口，她必然会顺势退缩，我只能推着她向前走。

△"不要不把她的害怕当真" 化用自——齐豫《戏子》，作词：席慕容

挺过了上午的练习，终于迎来了颁奖典礼，我们都没有想到台下会坐满观众。我把相机托付给一个同去的小朋友的妈妈，请她帮忙录像，我则找好了一个靠近的座椅，正对着舞台，如意边唱，我边和她动作同步，提醒她每句歌词所匹配的动作。刚开始的时候，麦克风的声音有些小，主持人还特意在间奏的部分上台帮如意换了一支麦克风。出乎我意料的是，从未上过这种舞台的如意，在面对初次尝试的陌生与突发的意外状况下，竟然坚持了下来，而且没有让人看出有一丝的害怕。她的"壮举"让我感到难以置信，但也因为这件事，我坚信，这样的能力一定是可以锻炼出来的。而这期间，必然会经历一个过程，在这个过程中我不可以觉得慢，也不能厌烦，在她需要鼓励的时候鼓励她，需要帮助的时候帮助她，在她松懈的时候推她一把，终究是可以迎来今天舞台上自信的她吧。

回想曾经，我也是这样一步一步历练出来的。初中第一次参加演讲比赛，高中第一次参加广播节目录制，再到大学做学生会工作，每一个第一次都会让从小怯懦的我心怀忐忑。虽然每一个第一次都有可能不完美，都会留下遗憾，但是这无数个第一次之后，我自己都会惊奇地发现，原来我已不再是那个不自信到不敢大声说话的女孩了。对如意，我从没有奢求她成为一个表演欲望型的人，但至少在有机会的时候，我们可以量力而行地帮她把握住机会。所以直至今日，只要有这样的机会，我都会鼓励她去历练一番，结果并不重要，重要的是她能在无数个第一次后，放下怯懦，成为一个自信的女孩。

# 当你拍完这个广告

对于如意未来的职业，我们设想过很多，但从来不替她做决定。在很小的时候，她一心想要当一名蛋糕师，成为一个亲手制作蛋糕的人。每次去面包房，她都喜欢趴在大玻璃上盯着里面观望制作生日蛋糕的过程。我问她："你是想开一个面包房吗？"她还颇为正式地纠正我："妈妈，我不是要当蛋糕房的老板，我就是想当一个做蛋糕的师傅。"

我想了想，会心一笑，这可比我小的时候强太多了。小时候，老师和长辈们问我们长大以后想从事什么职业，其他的同龄人会说要当科学家、想成为画家，但我从小就理智地知道这些职业我是从事不了的，当时我只想做一个冷拼面点师，因为我喜欢那些用胡萝卜刻出来的花朵。所以在如意说出她想成为一名蛋糕师的时候，我没有失望，也没有觉得她的志向不够远大。相比那些连科学家是做什么的都不知道却立志要当科学家的孩子，如意定这个目标让人觉得更加实在。我小时候接受的成功学教育和应试教育总是在描摹一些高大上的概念，却从没有给孩子们解释具体的内容，孩子们无法看到切实落地的东西，又怎么可能以此为基石前行呢？无非是一些空中楼台罢了，倒塌了一座又一座之后，麻木地生活在一个不知道是不是自己理想的职业生涯中。

　　如意有这个想法可能也是遗传了我吧。我是支持她的，还曾为此带她去DIY蛋糕，不过那也只是简单地挤一挤奶油、烤烤饼干和牛角包之类的。我甚至想等她再大一些，假期就给她正式地报一个面点班，系统地学习一下，让她的梦想不只是停留在想象上。即便将来她没有成为蛋糕师，闲暇时光也可以自己做来消遣一下。

当蛋糕师的梦想沉淀了一段时间后，她又想当地质勘探员，我们也支持她，带她去看相关的节目、参观博物馆，也买过《儿童职业启蒙百科》，书里讲各个职业、各种身份的人都在做什么。不仅如此，在有机会的时候，我们也会主动带她去尝试一些职业，拓宽她的眼界。在她还没上学的时候，我们就陪她去拍摄过几条广告。大概是第二次的时候，和剧组约好下午拍摄，但是早上起床的时候我们就发现她脑门发热又没有精神，赶忙去医院看过医生，也吃了药。我们商量该如何是好，最终还是决定去参与拍摄，因为所有人员设备都到位了，如果我们临时不去，也不可能马上找到合适的小朋友来顶替。吃下退烧药、贴上退热贴，她在车的后排睡下，我们毅然奔向了拍摄场地。

　　到了拍摄地点，现场的叔叔阿姨们知道孩子还在发烧，都表扬她坚持的毅力。到了正式拍摄的时候，她的精神稍微好了一些，好在镜头不多，拍了没多久总算顺利地完成了。但是后面的一次拍摄经历就非常辛苦了。那次如意的镜头比较多，场景也要转换很多次，我带着她中午十一点进场，拍摄结束后已经是夜里十二点多了。其实她在这个过程中玩得倒还开心，和一起拍摄的阿姨聊得火热，拍摄的效果也很不错，可当妈的我在旁边切实担忧了十几个小时。她说是不累，可拍摄结束，她一上车就睡着了。

这次之后她也没有再接拍广告，当然我们也从没有想过让她成为明星，更不期待她以此谋生赚钱。可如今是偶像盛行、造星泛滥的时代，多少孩子从小便做起了明星梦，梦想着有朝一日一步登天，受万人瞩目。我们决定带她去尝试拍摄广告，只是让她能够体验到做演员的辛苦，不要在长大的时候总看到明星们耀眼的一面而盲目向往，那背后付出的辛苦她也要知晓。那几年流行一句话，我也在这个过程中又一次教给了她——欲戴王冠，必承其重！

我们之所以要让她早早地体验这一职业，也是因为看到了两位朋友带娃的经验。这两家的孩子都是在高中时期做起了明星梦，一个认为自己可以当歌手，一个觉得自己可以做演员。想当歌手的这家家长查遍当时走红的歌手资料，然后告知孩子可以支持她当歌手，但是不是应该做个实力派歌手呢？她用一个高学历实力派歌手的例子让孩子安心学习，积淀成熟之后自然可以去发挥自己的音乐才华。另外一位家长则是陪孩子去参加各大院校表演系的招生面试，虽说也是全力支持，但条件就是如果考不上就要安心学习。最后这两个孩子都乖乖地回到了自己学生的位子上，也都考取了理想的大学。

如意上学之后有一天我若无其事地问她："如意，你长大想当明星吗？"

她没有半点迟疑，直接说不想。

我好奇："你不想有明星那种万众瞩目的感觉吗？"

她云淡风轻地说："我现在就有啊。我在学校是大队委，老师和同学几乎都认识我，但是有好多同学我不认识他们，周一升旗仪式我也经常上台。有一次我去另外一个校区，结果在洗手间被人看到了，有人忽然大喊'如意来啦'，呼啦就过来一堆人看我，我就有点不太自在了。"

听到这话我很是惊讶，虽然她成绩不错，在学校的表现也比较亮眼，但是能受到这般待遇，还真是让人大吃一惊。明星梦这些看来是我多虑了，现在的她或许更喜欢平淡的生活吧。

既然她不想做明星，那将来她又能做什么呢？我们家在这个问题上向来民主，不管是蛋糕师还是勘探员，她自主选择的，我们都会支持。但是在她对世界还不够了解的年纪，我们有必要引导她去多看看不一样的东西，让她有更广阔的视野可以去积淀和选择。我相信，高考填报志愿也绝对不是拿到表格的那三天才开始考虑的。自己的孩子有什么特点和长处，更适合学什么，她想要学什么，这些都应该是从小陪伴在她身边观察了解到的，以此为基础做出引导，再根据她的成绩来建议她做出适合她的选择。我诚实地对如意讲："不管你学什么，只要你学得精，都可以出成绩。哪怕你不上大学，就好好学习做蛋糕，能做出彩，能有不同常人的技术，那也是可以养活自己、立足行业的。最怕你没有目标，不了解自己，跟着风看流行什么就去学什么，到时候学起来不开心、不

△"当你拍完这个广告"化用自——齐豫《牧羊女》，作词：郑愁予

用心，毕业即失业，看似有个专业，实则是毕业之后什么都不会。"也因此，我和她爸一直坚持让她多了解不同的职业，同时也需要我们为人父母的来了解孩子的特点，帮助孩子认识自己，今后的日子里她才能够从容地做出选择。

俗话说："艺多不压身。"帮孩子找到兴趣点和适合的方向，全力支持她拓展视野、延伸专业是我和如意她爸一直不变的原则，之所以我们会坚定这个如今被许多家长拿来逼迫孩子多报课外班的原则，其实是因为我们都有过这样的亲身经历。我从小喜欢美术，在大学读的是艺术设计专业，但是最终没有从事这个行业。用心学了这么久却做着和这些毫不沾边的工作，这辈子怕是和美术再无缘分了，起初总觉得有些浪费和不甘，但如意的到来似乎就是上天在向我阐释"学过终会有用"的道理，之前的付出全都用上了。

# 第六章

## 慢慢地教给你，爱的语言
### ——多彩的生活

# 左手的剪刀，
# 右手的铅笔，
# 纸做的花衣裳

　　如意出生后，我总想做些什么，给她留下些特殊的纪念。在她一周岁来临之际，我花十八块钱买了一块粉色的布料，用一整天的时间给她做了一条小裙子，准备在她拍周岁纪念照的时候穿，也算是我送给她的一周岁生日礼物。从那一年开始，从小就注重仪式感的我每年都会给如意拍一套写真留念，想用光影的艺术记录下她每一年的变化。起初我们是去影楼拍摄，拍了几年觉得风格大同小异，于是突发奇想，不如我们自己来给如意拍摄一套，服装都由我自己来设计制作。我这人优点不多，执行力强还勉强算得上一个，想到就会去做。我在网上搜索各大品牌的走秀照片，把喜欢的存下来，从中收集灵感和素材。有想法不难，可真的制作起来又谈何容易呢！家里没有那么多设备，为此购置一批又觉得有些许的不值得，倒不如干脆就用纸来做件一次性的衣服。我

想到了中国传统的几种纸张：洒金红纸，一般是用来写福字用的；信笺纸，而且是那种竖版的；米字格宣纸，是练毛笔字时用的；还有折扇的扇面纸。之所以要选这几种纸，也是希望如意可以借此了解一下中国传统的纸张文化。现在回想起来，我也是佩服自己的想法，或许这都和我曾经认真学习过设计有关，那些知识积累的灵感最终还是有了用武之地。

选好材料之后，先用彩色铅笔画出衣服的款式，在如意生日当天，我们提着大大小小的包包、各色各样的纸张，还有剪刀、订书器出门去拍照，在我们选定的拍摄现场和她一起为这次特别的生日纪念做准备。我教她用洒金红纸剪了很多简单的窗花，以这些窗花为鱼鳞的素材给她做了一套美人鱼造型的礼服。又用米字格的宣纸绑出来大大小小的蝴蝶结，做了一套可爱俏皮的连衣裙。再用扇面纸上下错落地做成了三宅一生那种感觉的

裙子。最后用不同颜色的信笺纸做成了一款小礼服。几套衣服都是现场裁剪、现场用订书器钉上，穿上身之后有不满意的地方可以马上用剪刀修剪，不仅当了裁缝，如意还当了一次模特，而且是立体裁剪的模特。我找来会摄影的同学帮如意拍写真，拍出来的效果与之前的风格完全不同，相当惊艳，如果不说，怕是没人能看出来这些衣服都是用纸做的。

有了第一次的经验，第二年如意生日的时候我们又拍了三套。这三条裙子我提前在纸上画了花纹，然后再动手剪裁制作。其中一条简洁款式的裙子，我们先在纸上画了黑色格纹，又做了一朵白色的花，形成黑白经典的搭配。又用皱纹纸做了一条像把玫瑰花直接穿在身上一样的裙子，利用皱纹纸的拉伸效果，做出了层层叠叠的花瓣。最后一条裙子是提前画好了红底黑色花纹，再用皱纹纸做装饰。如意对此相当自豪，毕竟这都是她这个最平凡的妈妈亲手画的图样，亲手裁剪，为她量身定做的世界上独一无二的服装。也因此，她从小就懂得这世间的许多美好是不用花很多钱换取的，留下美好的方式也不止一种。不管是十八块钱的布料，还是这些纸做的礼服，本身的商业价值并不重要，重要的是对方的心意吧。

心意这东西，说是简单的深情满满，却也是最劳人心神的方式。有人说陪伴是最长情的告白，在我看来，陪伴是最费心思的告白，不管是陪伴爱人还是陪伴孩子，一成不变的行为和言语终究会让人厌烦。孩子在这方面更加敏感，这个世界对他们来说到处都是新鲜事物，稍有重复便会失去兴趣而将专注点转向其他方向。因此，自诩为十分注重仪式感的妈妈，我在这方面也是下足了功夫，每个大大小小的节日都会别出心裁地准备一个惊喜，传统节日有传统式的惊喜，西方流行的节日也有不同的礼物。

△"左手的剪刀，右手的铅笔，纸做的花衣裳"化用自——杨乃文《推开世界的门》，作词：黄少峰

# 圣诞的甜蜜

　　圣诞节时下早已是不陌生的节日，我虽不崇洋媚外，但孩子们接触到的新鲜事物太多，尤其是如意这种从小学习英语，更加了解西方的文化，早就知道了圣诞节会有圣诞礼物的习俗。与其让她突然问我为什么别的小朋友有礼物而她没有，倒不如我先"下手"，把圣诞节变成一个她最期待的神秘节日。从她记事以来，每年圣诞节夜里，我都会把包好的礼物偷偷放到她的枕边。她读过童话故事，也一直坚定不疑地认为世界上是有圣诞老人的。每年的这个日子，她都要熬到很晚，看看圣诞老人会不会来，困到不行睡着了也会在三点钟左右惊醒，伸手摸摸床头，摸到了礼物会激动地连灯也不开就准备拆礼物。有时候她看完礼物还会自言自语："我看看圣诞老人给我的大牙猪带礼物了没有。"大牙猪是她每天抱着睡觉的一个毛绒玩具。翻了翻发现并没有，她就会说："这个包装纸就算送猪猪的吧！"

　　无意中在微博看到有人发布了给芬兰圣诞老人故乡写信的邮寄地址，我便抄了下来，回家后和如意商量要不要给圣诞老人写一封信，既可以锻炼一下她的英语写作能力，又可以让她因为能和一心想要见到的圣诞老人交流而开心。她先用中文把想要问圣诞老人的问题写下来，然后我们一句句地翻译。她问圣诞老人："你是从哪里进入我家的？"其实这个问题我和她爸曾经回答她有可能是从 Wifi 进来的，因为我们家是没有烟囱的。她还在信里问了很多问题：

你会飞吗？

你多大年纪了？

你的真名叫什么？

这个世界上有多少个圣诞老人？

来中国送礼物的有多少个？

你的鹿叫什么名字？

在空中飞刺激吗？

你为什么用那么多胡子挡住脸？

为什么有人认为你不存在？

我会折纸的，圣诞老人你会吗？

为什么你总是在夜里出现？

你去过月球吗？

……

最后，她还没有忘记帮一位同学向圣诞老人提问，那个同学从来没有收到过圣诞礼物，她想让圣诞老人今年别忘了也给那个同学送一份礼物。我们把所有的问题都翻译成英文，她又拿去找英语老师看，请老师帮忙修改一遍，然后郑重其事地抄在一张漂亮的信纸上。我俩专门找了一个周末，跑到邮局去寄信，信封上面圣诞老人的地址也是她自己写的。就这样，我们给圣诞老人邮寄了第一封信。

每过一段时间，如意就会问我："圣诞老人怎么还不回信呢？"我只能告诉她："写信的人太多，估计回复不过来。"过了半年多，我们也没有收到回信。半年后的一天我突然得知身边有个朋友的女儿要去芬兰上学，而且圣诞节准备去圣诞老人的故乡度过，我赶快和朋友联系，要到了她女儿的联系方式，请她在圣诞老人村帮我预约一份回信，据说这样预约的人肯定会收到回信的。

终于在又过了将近一个月以后，我们收到了回信，信封上印着圣诞老人坐在雪橇上，一只麋鹿拉着雪橇，旁边还有被雪覆盖的松鼠、小鸟，邮票上的图案是圣诞老人村的房子。我收到回信之后并没有立即拆开，而是等着如意回家，准备和她一起拆开。如意放学回来，我把信藏在身后，让她猜我今天收到了什么特别的东西，她居然一下就猜到是圣诞老人的回信，估计这些日子她心里都在念着这件事。她小心翼翼地接过信，拿剪刀一点一点地剪开封口，里面有一封信，还有一张雪花的贴纸。打开信，居然还是用中文写的，信的开头写着如意的名字，可能是因为他们没有看到过我们邮寄的信，所以在信的内容里没有回复之前她问的问题，但是我们总算是收到了回信，圆了她的一个心愿。

诚然，后来她稍微长大一些的时候，同学都和她说世界上没有圣诞老人，礼物也都是父母偷偷放的，她也跑来问过我："世界上有圣诞老人吗？礼物是不是都是你和爸爸放的？"我没有正面回答她，只说："你不是收到了圣诞老人的回信吗？"直到有一天我觉得我不能再继续了，和她说圣诞老人给小孩子送礼物只送到十岁，以后就不送了，她听后没有丝毫的沮丧，和我说："那妈妈你能继续送我礼物吗，也像圣诞老人一样，半夜放到我枕头边？"我欣然答应了。我们心照不宣，都没有说破。保存着这么多年来我们的美好。或许每年这个小小的仪式都能为她的童年带来更多的甜蜜回忆，她也懂得了珍惜父母给她的这份仪式感是一种美好，不管是谁把礼物放在枕边，都是爱她的一份心意。

很多人说女儿要富养，我不太明白个中缘由，但我想，陪伴在她生命初始阶段中的惊喜和仪式感对于生在我们这种普通家庭中的如意来说，也算是精神和心理上的富足了吧。当她长大，翻看每年我们一起拍下的纪念照片，或是在过圣诞节的时候，眼前都会浮现许多当年的美好瞬间吧。看似平凡的日子，心里觉得它在闪光，它都会成为我们最美好和永恒的回忆。王小波曾说："一个人只拥有此生此世是不够的，他还应该拥有诗意的世界。"为人母的我自然是不能跟随她一辈子的，但是我可以培养孩子发现幸福、制造幸福的能力。让仪式感就如生活的作料，把生活的味道调和得更加浓郁芬芳。

# 孩子也会爱你

　　知道如意喜欢听音频，她稍微长大一些我便有意识地引导她听一些比较不错的课程，比如儿童财商课。最初的几节课中讲到购物有两种情况，一种是买你需要的，另外一种是买你想要的，面对这两种情况，要尽量买需要的，想要的就可以考虑一下是否要买。还有一点，你买的究竟是什么，是买服务还是买产品。这些东西，我小的时候从来没有考虑过，当时之所以选择这个课给如意听是想让她了解钱该如何花，东西该怎么买，因为我发现她一直以来都以东西的价格来判断该不该花钱。比如我过节买很多礼物给长辈、朋友，她会感慨花了那么多钱，买那么贵的东西。在她心里，或许就是因为长辈教育她要节俭，不要买贵的东西而有了固定的观念。我告诉她，有很多时候，虽然不能用钱来衡量，比如对家人和朋友的爱，在能力范围内买一些礼物，却是我们表达爱的一种方式。

我们想带她去尝试一下西餐,寻了一个庆祝的理由,去了一家比较高档的西餐厅。那里和平时我们去过的餐厅不同,如意在那里的感受是安静、优雅,但是她不喜欢那种氛围,觉得那里太过安静会让人过于拘束、不自在,尤其是在买单的时候,她觉得那里的消费太贵了,因为我们并没有吃很多食物。当时我们向她解释:"我们也不会每天都来这里消费,这次来,为的是让你感受一下正宗的西餐,看一看吃西餐的氛围是什么样,吃的形式不一样,吃的内容也不一样。所谓的长见识,不过就是见怪不怪,如果你见怪不怪了,对待很多事情的态度和看法也就会不一样了。"

　　我们去上海迪士尼乐园玩,一进大门她就看到了一个米奇外形的喷水风扇,喜欢得不得了,但是低头一看价格,要两百多块,她又轻轻地把风扇放下了。转头看看旁边的毛绒玩具,有一个应该是她喜欢的,拿起来不停摆弄,又翻过来看看价格,觉得很贵就又放回去了。我见她真心喜欢,就劝她买下来,我们又不是穷到没有这个钱,但是她竟拦着我不让我给她买,最后挑选了一个与毛绒玩具同款的小胸针。我很佩服她的坚定和毅力,明明那么喜欢,面对稍微贵一些的价格就不肯买。我们结束迪士尼之旅,出门走到行李领取处,那里是迪士尼之旅最后的一家商店,那个她喜欢的米奇喷水风扇标价三百二十五元两个,比我们在园区里面看到的便宜很多。我见她着实喜欢,就和她商量买两个,一个给她,一个回去之后给她的好朋友丫丫,她这才答应。付了钱,她把其中一个小心翼翼地装进包里,另外一个让我帮忙装满了矿泉水,她马上就可以用。如意拿着可以喷出水雾的风扇,首先给我吹凉,然后再给自己吹,开心得在广场上转圈。看着她开心的背影,我不禁感慨,这么小的年纪便已经理解了父母赚钱的不易,我当然也能明白她喜爱的心情,相互理解才能成为幸福的母女吧。

如意在面对高价格的时候往往会选择拒绝，但从没有人说过她抠门。她虽然没钱，但她会用心，给身边的每一个人带去温暖和惊喜。幼儿园时期的她，在学校喝丸子汤，每人分三个丸子，她会偷偷用餐巾纸包回来两个给我。吃炸鸡块的时候也是，她觉得好吃，便会悄悄包回家两块，神神秘秘地对我说："妈妈你闭上眼睛，张开嘴！"然后把鸡块喂到我嘴里，说："今天的鸡块特别好吃，我特意给你留的。"每当这样的时刻，我都感觉幸福不过如此简单，我也会亲亲她告诉她："我有这样一个女儿真是幸福啊！"让她也感受到，我接收到了她的心意和幸福！

# 论爸爸教育的重要性

说起对孩子的教育，虽然平日里是我陪孩子多一些，和她玩的多一些，但是，如意爸爸带着她遛弯或者玩耍的时候，不经意间和她说的话，她也会记住的。如意还在我的肚子里的时候，她爸爸就会每天对着她读："天子重英豪，文章教耳曹，万般皆下品，唯有读书高。"如意出生以后，爸爸喜欢和她边玩边渗透，几岁的时候学唱儿歌，爸爸就把化学元素表、节气歌、十二生肖之类的小知识在遛弯的时候背出来，在他看来，反正是顺口溜，背什么不是背呢。如意五年级的一天，放学回来自豪地和我说："今天我们上科学课的时候，讲到简单的化学元素，老师问有谁知道化学元素？我站起来把化学元素表背了一遍，我们班只有我一个人会背，老师表扬我了，还问我是谁教我的，我说我上幼儿园爸爸就教我了。"在一旁的爸爸露出骄傲的笑容。另外一次是老师提问月亮会自己发光吗？全班只有如意一个人说"不会"，老师问她为什么不会发光还那么亮？她说爸爸给她讲过那是太阳的光反射的。这两个小事情都让如意爸爸特别自豪，我也在一旁为他点赞。虽然只是两个小知识，但是爸爸随时的分享，一定让女儿对爸爸相当崇拜，下次爸爸分享小知识的时候，她会更仔细听，认真记了。

如意爸爸从小给孩子的并不是事无巨细的关照，更多的是方向性的指引。在如意还很小的时候，爸爸就主张教她学会用搜索工具，很多她提出来的问题，我们也不完全都知道，也都是在网上搜索答案，了解之后再讲给她。如意爸爸经常和她说："不是老师教你的才叫学习，学习有很多的方法和渠道，比如有问题咱们都不知道，咱们就去搜索，这是一种学习；我们也可以问懂这方面的朋友，这也是一种学习；买书来看也是一种学习。所以，学习有很多方法，而且可以随时随地。"这一点我深表赞同，自己也深有体会。自己小的时候到一位老师家拜访，看到老师家摆着一幅画，上面有一首藏头诗，我便悄悄地抄了下来，回家后照着仿写，慢慢地也就学会了写一些藏头的打油诗。在不经意间看到一个影楼的工作人员在粘照片，用双面胶在照片的背面粘好一圈，胶到拐角处折叠一下不撕断，这样贴照片的时候，只要按住照片一拉双面胶，就保证了照片的位置不会跑偏，这个小方法我到现在还一直用着。现在对于女儿的教育，如意爸爸也是提倡我们要不断学习。孩子小的时候我们要学更多生活起居的内容，才能保证更好地教导她。现在更多的是要跟着如意渐渐成长，学习她的心理变化，学习她进入的学习状态，我们也要不断调整学习内容来和如意更好地交流以及帮助她更好地成长。老师只能在短短的几年里教授一些书本知识，以及一些浅显的为人道理，而人的一生需要学习的东西太多太多，父母在生活中的耳濡目染更是影响到孩子身心的塑造。如意爸爸这样的教育理念让我特别特别佩服。

# 一种温馨的感觉，流进我的心中

如意的爸爸下班带回了一个大盒子，打开一看原来是一幅数字油画，画面上是埃菲尔铁塔，他带着如意一起按照数字给画面涂色，准备送给我当生日礼物。他告诉如意十年前他和我蜜月旅行去了法国巴黎，所以买来这幅画，他们俩要一起画好送给我，让我重温一下那时候的美好！如意爸爸还拿出当年我们带回来的埃菲尔铁塔纪念品给如意看，告诉她埃菲尔铁塔的命名是因为那个设计师的名字叫埃菲尔，又在网上查了地图，指给她看，巴黎在地图的哪个位置，还找来了一首五岁小男孩演唱的《小孩真难》给她听，让她感受一下法语的发音，并且教了她他自己仅会的两句法语：你好（bonjour）和谢谢（merci）。我看着他们父女俩一晚上都忙得不亦乐乎却不知道到底在"密谋"些什么。第二天，这父女俩就开画了，每个数字都配着一个颜色的颜料，他们俩按数字分工，每人选一个数字，也就是一种颜色，画布上有对应的数字，这样画起来不会冲突。从白白的一张画布，到隐约看出点模样，再到完成，看着他们俩专心致志的样子，我心中充溢着抑制不住的幸福感。买这样的一幅画并不贵，但是由爱人和女儿亲自画出来，那份情就值得我珍藏一生，而且在准备这个礼物的时候，如意应该也看到了爸爸对妈妈的真心，也和爸爸一起共同付出了真心。这幅画父女俩画了三个晚上才画好，一张只有数字和线，一点点变化出颜色，最终完成后成为一幅秋日下的埃菲尔铁塔的画，勾起了我许多和如意爸爸在巴黎的美好回忆，至今这幅画仍挂在我家客厅。

每每抬头看到这幅画，我想到的不仅仅是女儿要和爸爸共同送给妈妈一份礼物，还有作为一个丈夫，在女儿面前如何对待自己妻子的爱的问题。我想当有一天如意长大了，她会想起，自己的父亲是如何对自己爱的人，她自己或许也可以从父亲身上找到一个好丈夫、好爸爸的形象。

● ● ●

△ "一种温馨的感觉流进我的心中"化用自——齐豫《预感》，作词：李泰祥

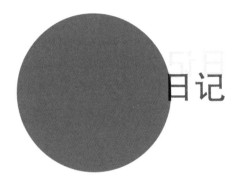

日记

　　如意的奶奶、爸爸都有写日记、记账的习惯。如意还没上学，爸爸就给她买了一个日记本，一个月便是一整页，每天都是一个方格子，格子不大，但是也能写下几个字。爸爸教如意写日记，每天晚上先想一下当天觉得最重要的事情，然后用几个字总结出来，每次就写三四个字，可以贴贴纸，可以画上小图。因为很多字她还不会写，经常是我们写出来，她照着写上。比如"学扬琴""去庙会""妈妈买蓝莓""折纸青蛙""打水仗"……有时候遇到她会的英文，还会写上英文单词，或者画一个小图。当然也会有累了不想写的时候，我们也没有强求，但是第二天回想一下，能补上就补上，没有什么想写的内容也可以写上"忘记了"。就这样涂涂画画地坚持了一整年，现在拿出这个本本，我们还会感慨万千。上面的字大大的、歪歪的，但是对当时的如意来说，我觉得已经是很了不起的事情了。等她会写的字多了，学校也要求写日记，那时候她一点也不会感觉吃力，而她的日记也经常被老师评价为优秀。日后写作文，也没有太吃力。

　　有一天我把朋友圈所有的内容都做成了书，如意羡慕不已，也开始用手机记录生活。我倒没有排斥这样的方式，书写固然好，用手机也可以图文并茂，现代的孩子应该有他们的记录方式。我答应她每天可以用手机写日记，也答应她可以帮她把她记录下来的内容印成书留下来。

　　如意近八十岁的奶奶依然坚持每天写日记，记录生活中的点点滴滴，有时候去奶奶家，奶奶会允许如意翻看日记里关于她的很多有意思的事情。如意爸爸也是每天写日记，不过他是在电脑上写，有的时候忘记什么事情，她爸就在电脑里搜索一下关键词，一下子就可以查出哪天做了什么事情。这些都成了如意的榜样，也让她坚持记录自己眼里的生活和世界。

　　如意爸爸喜欢在出游后带着全家一起总结。比如在回程的路上我们会每个人说一说这次出游觉得好和不好的地方，各十条，也不在乎多大的事或多小的事情。暑假去上海玩，如意总结：

1. 去上海迪士尼的时候一进门天空出现彩虹，特别幸运，但是进门后又下雨了，耽误了玩的时间；

2. 上海迪士尼的游乐项目科技含量高，最喜欢"飞越地平线"，很多盖章设施是坏的，搞得我们跑了很多冤枉路；

3. 我们买了速通卡，排队时间短，非常好，不过也多花了很多钱，时间确实是金钱了；

4. 上海科技馆可以互动的项目特别多，最喜欢"食物的旅行"；

5. 在上海住的酒店非常童话，送的下午茶很精美，喜欢早餐的时候有猫咪来窗边，可惜服务员不让喂猫咪，说它们是野猫；

6. 上海的观复博物馆金器馆太棒了，而且柜子设计特别好，可以多角度看到展品，门口的地面就是一个青花盘子的花纹，站在中间说话有回声，很神奇；

7. 龙猫三十年的展览很梦幻，最喜欢大大的龙猫，和龙猫合影排队时间太久了，展品有点少，门票价格有点贵；

8. 东方明珠顶层的透明地面虽然有点吓人，但是向下面看特别美，排了两个小时队，实际参观也就半小时；

9. 虚构展览很神奇，尤其是那个镜子反射的大钟；

10. 上海博物馆太冷了，而且讲解的机器内容太少，还特别大个，拿着不方便。

听了如意的总结，我和她爸对大部分都表示赞同，又补充了几条我的感受，比如迪士尼服务员的整体服务态度都比其他地方要好，晚上的焰火没有我想象的好，给如意改装了可以晚上亮灯的裙子效果很满意；上海博物馆的服务和设施感觉是我们所有去的地方中最差的；我们还约了上海的老同事吃饭叙旧很开心。

从一年级下半学期开始，语文开始有作文了，但我们从不为如意的作文发愁。一是她已经从读过的书中吸取了很多内容，另外一个重要原因，应该就是写日记吧。让她每天学会思考这一天的事情，找出重要的内容，就已经是一篇简单的作文的雏形了。

生日派对

如意放学不开心地进门，和我说："妈妈，为什么我同学过生日收到的礼物都是买的那种挺好的，我同学给我的都是自己画的贺卡，自己做的手工？我也想要那种好的礼物。"

我问她："那你同学过生日，你送的是什么呢？"

如意放下书包，换上拖鞋："我自己做的礼物。"

"那就对了啊，这是相互的啊。"

如意噘嘴："他们以为我就喜欢那种手工的，但是我也喜欢那种买的特别好的礼物。"

我说："其实送礼物这事儿，大家心里都有一杆秤，你送别人什么样的礼物，大概什么价值，别人也会回送你同等的。不可能你手画了一张贺卡，要求别人送你一个芭比娃娃，除了咱们家的人之外，其他人还是会衡量一下这个价值的。"

如意想了想又转移话题："现在我们班同学开生日会都不邀请我了，因为每次邀请我，我都不能去。"

这个问题确实是我们的原因，因为我和她爸每天下班回家都比较晚，很难答应送孩子去参加生日会，所以没有让如意去过。但是这中间的理由原来都和如意讲过的，她也能理解。

"不去就不去吧，咱们不是也没办过生日会嘛，同样你去了别人的生日会，自己不办，也不合适对吧。"

　　我本想这样糊弄过去赶快做饭，没想到她说："我也想办生日会啊！"

　　说到办生日会，我每年也不是没动过心思，但每次都放弃了。在家里办，老人好静，不适合。出去办，算算价格，觉得挺贵，而且要计划多少人，准备什么，和家长去说，统计，想想这些就觉得很麻烦。而且有朋友曾经和我抱怨，说几个孩子从小长到大，家庭关系都处得不错，每年每个孩子过生日，都要一起聚聚，相互送礼物，而且越送越贵，今年别人送的九百多块钱的儿童相机，其实之后自己也都要还回去，里外里几千块钱，其实也并没有什么意义，孩子也就是一起吃吃饭。

　　既然今天如意提起了要办生日会，我觉得她确实年龄也不小了，可以和她算一算这些小账了。我说："如意，那这样，咱们俩算一算办一个生日会需要多少钱，然后你来判断是否办？"这么一说，如意来了精神，觉得算就算，没什么大不了的。拿出纸笔，坐在桌子前一副算完自己就可以办生日会的架势。

我说："先说你想邀请几个同学吧，十个不多吧？"

如意想了一下点点头："差不多十个人吧，可以。"

"这十个同学不能自己来吧，怎么也得跟着一个家长吧？那就是二十人，写上吧，二十个人，加上咱们三个人，二十三个人。"

如意在纸上写上"人数：二十三"。

我继续说："你觉得吃什么合适？麦当劳？桌餐点菜？必胜客？"

如意心气很高："不要吃麦当劳，太幼稚了，还是必胜客比较好。"

我说："那人均五十吃不饱吧，有大人有孩子，就先算人均七十吧，你算算二十三个人多少钱？"

如意仰着头想了半天："一千六百一十块，这么多？"

"别急啊，还有生日蛋糕呢！二十个人吃的生日蛋糕，每人一小块，怎么也得买三百块钱以上的蛋糕吧，加上。"

已经开始心虚的如意默默在纸上写了"蛋糕：三百"。

"咱们生日会不能光吃饭吧，是不是也得准备点小游戏小奖品？这个就算一百块钱吧。"

"奖品从我自己的玩具里选一些没玩过的就行。"

"那好，这一百不算。现在多少钱了？"

"一千九百一十块。"

"生日会现场要不要装饰点气球啊，生日会专属的盘子啊什么的？如果要还要加至少一百块钱吧！怎么也得有个过生日的气氛吧？"

如意和我一样，还是在乎仪式感的，说："好吧，这个要，加一百，现在是两千零一十块钱。"

"好，就先算这么多，你看看两千多块钱办个生日会，值不值得？"

如意看着清单，若有所思地说："是有点贵。"

"要便宜呢，一种是吃的便宜点，一种呢，是少邀请几个同学。"

如意觉得这两样都不太愿意接受。

我乘胜追击："那两千块钱啊，可以买多少你想要的玩具什么的？就大家一起吃个饭，什么都没留下。"看得出如意很失望也很纠结，觉得我说的有道理，又觉得不想放弃生日会。

这时候我说："我这里还有个办法你可以参考。过生日也不一定就是在一起吃吃喝喝啊，可以过得更有意义一些啊！你记得丁丁哥哥吗？他生日就是发起助养老兵的活动，邀请同学、朋友们一起来参与，把过生日的钱做公益，我觉得也挺好的。你也可以想更多的过生日的形式啊。到你今年的生日还有好几个月，咱们一起想想如何？"

这话一出，她仿佛又看到了希望，决定把这个事情即刻提上日程，想一想这个生日怎么过最有意义。

其实我的心里因为从来没有为她办过生日会，从没让她参加过同学的生日会，确实觉得有些对不住她。在妈妈群里说起此事，也了解到其他妈妈们的想法，有的朋友说她们选择规定孩子只邀请五个朋友，具体邀请谁由孩子自己决定，这样可以控制一下成本。有的朋友说办生日会不仅仅是花钱的问题，还需要花费很多心思，真的一想就累，自己家绝对不会办的，但是同学办生日会会让孩子去参加，就当加深一下同学友情，带些好的礼物去，一起玩玩。有的朋友则建议去一些有生日会服务的餐厅吃饭，装饰、小游戏这些都不用家长操心，店家会准备好，控制一下人数，还是比较省心的。了解了一圈，我也动了心思，是不是等到如意十二岁生日该给她办一个生日会呢？

# 我的生日礼物

　　说起生日，今年我的生日如意给了我一个惊喜。我是六月过生日，如意从六月一日开始，拿着一个小盒子给我，我看了看，盒子是她自己手工折的，有点参差不齐的毛边，盖子上写了阿拉伯数字1，还画了几个桃心。我问："这是什么？"

　　如意说："这个月您过生日，从今天起我每天送您一个礼物，打开看看吧。"

　　"哇，真的啊，快期末了，你不用给我那么多礼物，你好好复习吧。"

　　焦虑的老母亲焦虑的心又上线了，虽然这话有点煞风景，但却是真心话。还有一个月就要期末考试了。

　　如意说："我都做好了，没事的。"

　　"那行，不耽误你学习就行。"

　　我这才安心打开纸盒，第一天的礼物是一个折纸桃心。第二天是三块动物造型的小橡皮。之后我就每天都可以收到一个礼物，有的时候是一个纸条，纸条上写着礼物的名字，一般是个头比较大的礼物，塞不进她的小盒子里，比如她自己在学校劳动课扎的纸灯笼、做的一朵大红花。第十一天的时候，打开盒子，里面的纸条上写着"互动长城"，我还奇怪什么是互动长城，她的手就从背后拿出一个纸折的长城，长城的两边是烽火台，烽火台里面放了很多折好的小纸条。如意说："妈妈你摇一摇，把烽火台的纸条摇到中间的城墙里。"我拿起长城摇了摇，摇出来一个纸条，拿出来打开一看，里面写着"抱一个"。如意过来看看纸条，就给了我一个大大的拥抱，真是一直暖到心窝啊。我好奇剩下的纸条还有什么，问她我能不能都打开看看？如意说可以。我一一拆开，有"亲我一下""一起睡会儿""给我画张画"……我又一一折好放进去，如意说一会儿爸爸回来也要让爸爸抽一个。爸爸回来也抽到一个"抱一个"，真是一家人啊！

　　每天一个礼物，我都拍了照片，发了朋友圈，朋友都说女儿有心了。我也在想她怎么想到这个办法的。问了如意，原来是去年圣诞节的时候，我给她买了圣诞盲盒，是从十二月一日开始，每天可以拆开一个礼物盒，一直到圣诞节当天，只不过那是个完整的盒子，每天撕开一个日期，会得到一个小礼物。她把这种送礼物的形式用到了我的生日上，每天给我一个单独的小盒子。

　　我的生日是二十六日，从一号做到二十六号，还是需要准备很多礼物的。到了十几天的时候，她送了我两瓶有颜色的水，我看着有点失望，如意看见我失望的表情赶忙说："我真不知道送什么了。"

我问她："不是准备好了吗？"

她说："只准备了十几天的，这么快就过了十几天了。"

我一拍脑门做出晕倒状："我以为你上次说二十六天的都做完了呢！好吧，你做的时候都没有想后面那么多天怎么办啊？"

如意有点不好意思："我当时觉得应该有好多东西可以送啊，可是现在怎么就没得送了呢。"

我说："那不行，你得坚持给我二十六天的礼物啊，而且不能糊弄我，给我两瓶学校发的画画的颜料水就把我打发了可不行，没过一半时间就糊弄我了啊。"

如意爸爸幸灾乐祸地在旁边笑着说："如意，你自己挖的坑，自己得填平了，你妈妈的礼物标准是她得能发朋友圈，你这两瓶颜料水，实在是说不过去。"

她爸说得太直接了，但是却是实话，另外也是希望如意坚持下去，别虎头蛇尾，哪怕每天给我折纸都可以的，是她自己的心意。但是最近期末复习确实挺忙，每天都要到夜里十点才能睡觉，我不想给如意增加负担了，就和她商量道："如意，你在学校美术课、劳动课做的东西都可以给我做每日的礼物啊，也可以自己画画，要不今天你让我选一张你画的像素画吧？"

如意说："没问题！"跑去给我拿了她的像素画本，我选了一张皮卡丘。

"后面的礼物你如果实在想不出来，咱俩可以一起想，但是我还是要每天收一个礼物哦！"

如意很坚定地答应说："没问题！"

第二天，我到家发现外面的云彩特别美，和如意趴在窗台上看。阳台上的花盆里有姥姥种的薄荷，如意揪了几片贴在脸上感受清凉，过了一会儿她说："妈妈，水冻到冰箱里多久可以成冰啊？"

我还真没算过这个时间，随口说："半个小时吧。"

晚上，如意说："妈妈，你现在有空吗？"

"有空啊。"

"那你在客厅等着我啊，快点啊。"

我从卧室出来到客厅，看她跑向冰箱，拿回来三个瓶盖，盖里是冻的冰，每个瓶盖的冰里都有几片嫩绿色的薄荷，看着就清凉。我十分惊喜。

"哇！真好看啊！"

她拿了个小盘子，想把冰块倒出来，但可能是因为冰块冻在瓶盖里，瓶盖有螺旋的纹路，所以倒不出来，我们俩就拿着瓶盖用手捂着，让冰挨着瓶盖的地方化一化。果然有效果，过了一会儿，就扣出来三块晶莹剔透的圆形冰块。绿绿的薄荷叶很是清爽。

"妈妈你闻闻，特别香！"

果然，我端起盘子闻冰块，薄荷味道很浓。我也突发奇想："咱们来做一杯薄荷冰橙汁吧。"

正好有半瓶橙汁没喝完，我找了个透明的杯子，倒入橙汁，又把薄荷冰块放进去。半透明的冰块上绿绿的薄荷叶，漂在橙汁上，黄绿相间，我尝了一口，橙汁的香味和薄荷的味道混合，让橙汁也变得有种冰凉的感觉，甚是好喝。

"如意你尝尝，特别好喝，薄荷味很浓。"

如意也尝了尝说："嗯，太好喝了，给爸爸也尝尝。"

忽然我想起来一件事，叫道："先别喝啦，我要拍个照，发朋友圈！"

还好想起来了，这一天的礼物是最养眼、最实惠的。发了朋友圈后很多人都留言问我是三十一号生日吗。觉得我特别坑孩子，期末还要让孩子天天准备礼物。有些知道我生日是哪一天的朋友很期待最终生日那天我会收到什么。

那天之后我收到过数学课做的折纸立方体，收到过劳动课做的大红花，收到过之前在商场做的拼豆小兔子，总之都是如意自己手工做的，很有意义。

生日当天，我下班还没回到家，如意就发消息问我："到哪里啦？快回家吃饭哦！"

我心想，估计是又准备了什么惊喜吧。一进家门，就看她忙活着拿盘子，还躲着我不让我看见，蹲在开着门的冰箱前，用门挡着。一会儿就端出来一盘用四块点心拼起来的蛋糕，点心之间是巧克力，上面摆了一些脆香米巧克力块，又插了三根百奇的饼干条当生日蜡烛。如意把蛋糕放到桌上说："妈妈，快看我给您做的生日蛋糕！怎么样？"

我看着这个精致的蛋糕满心感动，问她："非常棒！你是怎么做的？"

如意说："我用零花钱买了这个点心，把巧克力化了，洒在点心上，然后又冻起来，四块点心就黏在一起了。"

"你可真有办法啊！"

她一副自豪自信的表情，咧着嘴还歪着头说："那是，您尝尝吧，斜着切这个小角。"

　　"嗯，我先拍个照啊。"这样的精彩时刻必须留下纪念，还有多少朋友等着看我生日这天到底会收到什么礼物呢。

　　拍完，如意说："给爸爸也发几张吧。"

　　我尝了一口，刚从冰箱里拿出来，蛋糕还有点硬。本身蛋糕里面有夹层奶油，也硬硬的、凉凉的、滑滑的，配上夹心的巧克力，口感就像冰激凌蛋糕一样，非常赞。我吃了几块，说："给爸爸留一点吧。"

　　如意说不想给他留，我问为什么，她说："爸爸不支持我给你做蛋糕，老说我会做得不好，哼！我做得挺成功的，所以不给他吃！"

　　"你做得成功才要给爸爸留一块尝尝啊，让他知道你做得很成功啊。"

　　如意想了想："那好吧。"

　　最后还是给爸爸留了一块。爸爸回来尝了一下，果然说味道真不错，如意这下心满意足了。

　　除了吃的，如意说还有礼物，就是儿童节大姨送给她的一个 DIY 的八音盒。八音盒是用很多木板拼起来的，上面有一株樱花树，树下有很多小猫咪。如意这些天都在抽空给我制作，今天终于把这个开满樱花的八音盒做好了，算是给我的一份生日大礼。我发了朋友圈，如意姑姑留言说："您这生日再不到我都不落忍了，这大热天儿的。"

其实我也觉得既幸福又心疼，二十六份礼物，让我来准备也是件很麻烦的事情，何况是个孩子。但是我坚持要让如意把这个事情做完，因为，首先这是她自己决定要做的事情，当她到第十几天的时候发现不知道送什么了，说明她对自己的能力预估不足，我让她坚持下去可以让她了解做一件事情是要有计划的，不能脑子一热就开干。不过我也给她降低了要求，让她得以实现这个计划。如意也明白我的心意，有很多礼物是她从网上查了现学现做的。最后，成功地把我的生日过成了生月，让我过了一个有生以来，收到礼物最多的一次生日！

●　●　●

# 第一次收到"情书"

"妈妈，来！"

如意神神秘秘地叫我去卧室。我进去之后她还关上了门，然后还不放心地悄悄和我说："妈妈，我给你看个东西。"

她把背着的手伸过来，打开手掌，是一个搓成小圆柱的纸条，她打开纸条，上面写着"1314520"。

"嚯！谁给你的啊？"

如意说是他们班的一个男生，那个男生还在微信上给她发了5.20元的红包，还给她发玩游戏的截图，用户名叫"我爱如意"。我心里一惊，现在的小孩子都懂这么多了吗，全面猛攻啊，发红包，写纸条，还改自己用户名……不过我表面很淡定地说："嗨，我以为什么大事，挺好啊，说明你很优秀啊，才会让人喜欢。红包你收了吗？"

如意说:"没收,我和他说了,我妈不让我收别人红包,我微信也用不了付款功能。"

我点头说:"对,红包不能收,其他你就不用理他了,他只是觉得你优秀,优秀的人谁不喜欢啊,我也喜欢啊。"为了拉近和她的距离,我还和她分享了我小时候的事。

"妈妈像你这么大的时候,班里也都这样,天天有同学议论谁和谁是一对儿。比如我同桌是男生,我们俩经常说话,借块橡皮什么的,就被同学说我们俩好。你姥姥那会儿给我拿回家一些标签纸,反面可以当演算纸,我们班一个男生找我要,我就贴着他耳朵和他说:'小声点,我明天给你带点,要不别人听见都找我要我没有那么多。'结果被同学看见了就起哄。"

如意说:"我们班现在也这样,谁和谁说话多了,就被说是他们俩好了。"

我说:"这说明你们都长大了,你们也都知道,男女是有区别的,再不像小时候一样无所顾忌了。虽然大家是瞎起哄,但也是可以相互提醒男女之间做什么都要有分寸了。"

如意说:"我知道,我不理他。"

我想了想又给班主任发了信息,把纸条和游戏界面的截图都发给了老师,让老师有机会在班会或者其他场合下,能合理地提醒、引导一下孩子,也不必点名道姓,给大家都提提醒,点到即止。

第二天,如意放学回来说:"妈妈,今天班会老师说早恋问题来着，说其他班有这样的，提醒我们班同学不能这样。"

我说："那正好啊，都提个醒。"

如意说："给我写纸条的那个男孩还问我：'你在家是不是被管得很严，你妈妈很厉害？'"

我好奇如意是怎么回答的，竖起耳朵听，如意说："我和他说：'我妈才不厉害呢，我妈是世界上最好的妈妈。'"

"他还说要是你对我好，他去吃屎，我说让他随便吃去吧，吃多少都行。"

这两孩子的对话着实让我笑到不知道说什么好。不过我还是好奇，问："我在他眼里怎么就那么厉害呢？"

如意说她也不知道。

"你们经常一起聊爸爸妈妈吗？"

"聊啊。"

"那你觉得我和你们同学的家长比，怎么样啊？"

"你们比他们的爸爸妈妈都好！"

"怎么个好法啊？"

"我同学的家长都是平时不怎么管，考试考差了就会骂孩子。你们都是平时会看我哪里不会，帮我解决问题，就算我考差了也不会说我，也不会打我，就会直接拿试卷找错在哪里，告诉我怎么改正。"

听完她的话，我那颗骄傲的心，都想给自己一个大大的赞，但是还假装镇定地说："那是，打你，错题也不会自己就掌握了，找到错题的根源才是真正解决问题的方式，你妈妈我向来都是最讲理的。"

说完这话，忽然觉得自己这么多年的种种付出都没有白费。

其实我也不是没有对如意发过脾气，如意却都没有记住，依然觉得我是最好的妈妈。我心里很感激她。曾经听过龚琳娜老师的一首歌，叫《谢谢你来到这个世界》第一次听就泪流满面：

谢谢你来到这个世界

幸福像鲜花一样在我的心中盛开

一声啼哭奏响你灿烂的序曲

一丝笑靥渲染我生命的色彩

谢谢你来到我的世界

幸福像鲜花一样在我的心中盛开

快乐敲打我甜蜜的脚步

歌声熨平我人生的感慨

谢谢你给我一个世界

幸福像鲜花一样在我的心中盛开

温柔注满我浪漫的血液

美好震颤我激动的情海

感谢你给我美好的未来

幸福像鲜花一样在我的心中盛开

—— 王艺 作词

135

很多时候，我都问自己，我对如意的教育和选择，是不是对的，是不是最适合她的。我总觉得自己也是在摸着石头过河，人生没有重来，我所做的一切，都不能重新来过，所以总是希望自己没有辜负了自己为人母的责任。如今如意能够这样说，也算是对我的肯定吧，无论怎样，我遵循的原则始终是站在如意的角度想一想，把她的人生拉成一条长长的线，不是只看眼前的一次分数。因为我觉得有能力考上 985 和 211 大学当然是让人欣喜的，但那毕竟是少数，即使是考上了，人生还有一大半时间需要在社会上度过，需要她有良好的心态、高一点的情商、好一点的解决问题的能力、发现生活美好的眼睛、会爱别人和享受别人爱的心……这么看来，我其实是更贪心吧，但是在我看来这些和成绩一样重要，甚至比成绩更为重要。

# 哪有姑娘不戴花，
# 哪有爱美无代价

　　马上就要十二岁的如意，还不像很多孩子那样，买衣服要自己选，大部分时间都是我买什么她穿什么，而且还总说不要买那么多衣服，穿不着，因为学校每天都要求穿校服，也不怎么在乎什么发型，每天都是一个马尾辫出门。不过慢慢地，我发现她也开始爱美了。喜欢涂指甲油，总想把指甲和我一样涂个颜色。但我只允许她在放假的时候，玩一下我给她买的指甲贴纸，贴上去一两天就自动脱落了。而且她也开始觉得留长指甲美，不让我给她把指甲剪得太短。演出的时候也开始要求我给她化全套的妆，也就是说，不只是简单地涂个口红，抹个红脸蛋了，而是粉底、眉毛、眼影、眼线、睫毛膏、唇膏都要用，演出完她还不愿意把服装换掉，就那样穿着跟我们去餐厅吃饭，很享受被人关注的感觉。时不时地还会和我说有谁在看她了。通常我也会满足她这一点点骄傲的小心思。

　　不过最近，爱美也让她付出了一点代价。

　　晚上洗完澡，我和她爸爸都忙着自己的事情，就让她自己把头发梳顺了。结果过了半天她举着手过来找我。

　　"妈妈，这个梳子拿不下来了。"

我抬头一看，她用的是我的梳子，还是那种卷发梳——一个圆柱形，上面全是齿儿的那种。如意的头发有一大绺都缠绕在这个梳子上。想起我上学的时候就听同学说过她小时候就用妈妈的梳子缠住了头发，最后只能把头发剪了，当时还在笑她。如今自家女儿这个姿势来找我，我真是哭笑不得，不过我还是报着应该能择开的想法，叫如意爸爸给试试，他比我有耐心，我就继续做着我的事情。过了一会儿，如意爸爸说："这还真是不好择啊！"我站起来看看，依然坚信是可以做到的，不就是一绺头发嘛，我就开始找头发的发梢，想着从发梢慢慢导出来。没想到，从这边一拉头发，缠绕在其他地方的头发就缠得更紧，这边的头发也就被缠得更紧。我又试图从中间随便一个位置拉扯，依然是拉扯任何位置，其他位置就会越来越紧。

　　边择边埋怨如意："你干吗想起来用我的梳子？"

　　如意说："我就想试试，看您用得挺好的啊？"

　　我心想，这是臭美想把头发卷成我这样的卷吧？哼，别以为我不知道，不过嘴上没说出来。但是我意识到了问题的严重性。

　　第二天如意还要参加学校的英语活动，她还是主持人，还有两个节目，这头发要是真的剪了，明天没法见人啊！眼看都折腾到九点多了，还没有多大进展。我灵机一动，一狠心，让她爸拿钳子来，试试看能不能把梳子的齿儿拔出来。

　　我让如意坐在小板凳上，她自己还没意识到严重性，坐下还拿了本书看了起来，这心大的。她爸拿钳子夹住两个齿儿，离头发距离近又怕夹着头发，小心翼翼地用力拔了一下，倒是很容易就拔下来了。我激动地说："就这样，都拔下来吧，头发比梳子重要。"

　　她爸怕揪着头发，所以就夹住梳齿稍微用力撬一下，我再跟着把齿儿慢慢从头发里拿出来。看着如意也没喊疼，她爸速度快了点，一次多夹几个梳齿。最后基本就剩了两排的时候，头发都散开了，拿下梳子，我又在如意的头发里找了半天剩下的梳齿，可算是保住了头发。过程当中我还没忘记给如意拍了个短视频，把钳子夹梳齿的过程，还有拔下来多少梳齿，都拍了下来。发到视频网站，等如意长大了给她看，一定特别有意思。头发保住了，我又有一种幸灾乐祸的感觉了。心想，这就是她自己偷偷臭美的代价。可转头又一想，这代价好像是我没有梳子用了，她又没什么损失。算了，也是长个记性吧，一不留神当了回熊孩子的妈妈。

　　曾有个朋友和我分享她自己的经历。上初中的时候，她特别喜欢照镜子，喜欢漂亮衣服。她的父亲怕她因此耽误学业，就找了一天时间，带她去商场，让她不考虑价格，买一套她自己喜欢的衣服。朋友很开心，选了一套价格昂贵的衣服。回家以后，父亲和她说："你看，这样漂亮的衣服，即使很贵，也分分钟可以买到手。但是你现在十几岁学习的年龄，是多少钱都买不回来的。"话虽不多，却让朋友幡然醒悟，明白了父亲买这套衣服的用意。从那以后她安心学习，不再只关注外表。我一直记得这个分享，希望在合适的时间也给如意讲一讲，爱美之心人皆有之，只是不要沉迷，要注重适度。

＊"哪有姑娘不戴花，哪有爱美无代价"化用自——齐豫《牧羊女》，作词：郑愁予

终章

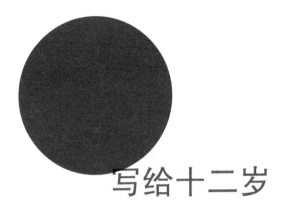

# 写给十二岁

写了这么多和如意的点点滴滴，想想其实也只是这十一年来的冰山一角。

我想记住每一个美好的瞬间。

如意的爸爸最近总是感慨，觉得如意"嗖"的一下就长大了。如意说她从来没有想过自己会长大，就连自己长成现在这么大也没想过，更没想过自己还会长得再大，也会老，曾经认为自己就是一直那么小。

想想我自己小的时候，也曾经

天真地认为过生日的那天所有人都是开心的。直到有一次生日，我坐在公交车上，看到一个阿姨打电话一脸怒气，挂了电话依然一脸的不开心，我忽然明白，原来我过生日的时间里，不是所有人都是开心的。到了后来，我发现逢年过节也有人会不开心。或许当如意长大了，会发现更多之前都没有想过的事情，这就是成长。

之所以写这本书，除了想分享一些我与如意一起成长的经验，也是想作为她十二岁的生日礼物送给她。十二年是步入人生的第一个轮回，希望在这个重要的时刻，记录下过往的幸福，并鼓励她开始新的征程。

如意，我和爸爸祝你十二岁生日快乐！恭喜你长到了你自己都不曾想过的这么大！其实岂止是你没有想过，我们当初也无法想象十二岁的你是什么样子，就像现在让我想下一个十二年后你会是什么样，我的答案也是未知。但是我们却有很多想对未来的你说的话。今天借着这份生日礼物说给你听：

首先，希望你不管走过多少个十二年都要记得"在生命面前，一切都微不足道"。

记得从小就和你说过，有生命就有未来，你所有在当时觉得心里过不去的坎儿、生活上的难，只要有生命，都是可以重来，都是可以改变，都是可以看到希望的。记得和你讲过妈妈自己的事情，因为一次比赛没有入围，我当时体会到了人常说的"恨不得地上有个缝隙真的可以钻进去"的感觉，觉得没脸见同学和老师，甚至觉得都对不住自己当时的辛苦。过了这么多年回头再想的时候，才发现那是我人生中多么小的一件事情，它对我的人生毫无影响。昨天看到小升初的排位，有个朋友的孩子学习成绩一直名列前茅，却排到了不理想的初中，看得出那个孩子朋友圈字里行间都是那么的绝望和无奈，但是谁能说她的人生之路就会因此一落千丈呢？她成绩一直保持优秀，中考依然是可以凭分数考到理想的高中的。而且学校还有推荐好学生到好高中的名额，也许在好的初中，大家都是尖子生，这样的名额轮不到她，而在普通的初中，以她的成绩，这样的名额或许就稳稳地握在她手中。人们常说"塞翁失马，焉知非福"，所以不管是学习、工作、生活中遇到什么困难，你觉得自己好难过的时候，一定要记得这句话。

还有，遇到任何危险，第一考虑的都应该是生命安全。还记得从小妈妈就告诉你如果在马路边走，你手里的东西掉了，滚到了路中央，或者是路边，你考虑的不是要马上捡这个东西，而一定是要看看周围的车和人。如果人和车多，东西宁可不要，也不要贸然去捡，因为掉了什么都可以再买，真的遇到疾驰的车过来刹不住，丢了生命就买不到了。

遇到和生命安全有关的事情，一定要选择保护生命，哪怕是一件小小的事情。为了生命安全甚至可以和坏人说谎，可以打坏东西，可以做一切可以救命的事情。或许你会说，这些平时学校都讲过很多遍了，但是我依然要写在对你说的第一条，就是因为即使你活到八十岁，它也是要遵循的一句话——在生命面前，一切都不重要。

记得曾经和你说过，你的爸爸继承了奶奶很多好的习惯，比如写日记、记账。每次一个事情想不起来到底当时是怎么回事的时候，爸爸就在日记的文档里搜索一下，经常就这样解决了问题。这是爸爸和奶奶的好习惯，希望你也能坚持你自己的好习惯，并且养成更多你认为对自己有益的好习惯。很多事情天赋占一部分，好习惯是辅助你成功的重要部分。比如随时学习的好习惯。爸爸经常说，随时都可以学习，不是老师教你的时候才叫学习。我前面提到在一个影楼学会了贴照片的小技巧，在生活中很多地方都可以用到这个小技巧。给你的手抄报贴照片，做装饰的小相框，也都是这样做的。所以有一个像爸爸说的随时都在学习的好习惯，你会收获更多的便捷。你习惯没事的时候拿起书读，你喜欢把作业不拖拉尽快写完，这些都是你的好习惯，希望你坚持下去，它们会让你一生受用！

今后不管你是不是从事音乐相关的专业，我们都希望你能坚持你对音乐的敏感和热爱。曾经四岁的你听到龚琳娜老师的《走生命的路》落泪，曾经听到伤感的歌会和我说你心里难受，也曾经因为喜欢一首歌，自己去一个音一个音地在扬琴上扒出谱子。妈妈上学画画的时候也喜欢听着音乐，写作的时候也喜欢听着歌，甚至因为听了一段音乐而有了想写点什么的冲动。伤心的时候听上一首歌跟着歌声哭一鼻子，开心的时候跟着旋律摇一下。

刚刚有了你的那两年，我忙得不可开交，甚至忘了有音乐可以相伴。回想起来那段日子仿佛都是灰色的。后来妈妈又开始听音乐，生活便因为音乐有了色彩。你也是因为跟着妈妈听音乐会爱上了扬琴，所以继续爱音乐吧，它是你一生的好伙伴。

不管你长到多大年纪，都要活得有目标。妈妈从小并没有远大的理想，但是却有脚踏实地的目标。有了目标就要想通过什么样的途径可以达到目标，这个过程需要什么条件，需要什么能力，找到这些，你的生活、学习都会有条理和秩序。你会朝着你的目标一步步迈进，每迈进一步，你都会有一分收获和喜悦，达到目标的时候，你也会更有成就感。

最后，很多人都说到了十二岁，也就到了青春期、叛逆期。回想我自己在这个年纪，仿佛没有什么叛逆。因为家里的长辈都忙于工作，并没有太关注我这方面的情绪，也无暇顾及我，我也就没有机会去和他们叛逆。可如今，社会对孩子的关注非常多，所以，叛逆期反复被人们提起。我自己想了一下，其实这个阶段就是你形成独立的自我、独立的人格、独立的主见和独立的自信的阶段。也就是说，从现在开始，你将慢慢把自己的羽翼丰满，为了有一天，不在我们的呵护下也可以展翅翱翔。这个阶段，或许你的自信、你的主见会和我们的想法冲突，但是没关系，我们已经做好准备，我们会尊重你。

你长大了，是要学着自己判断，并且对自己做的事情负责，当然如果你需要我们帮忙，我们也非常愿意。

我们依然会陪伴你、包容你，也会陪你一起长大，用我们的陪伴继续爱着你！

● ● ●

△"默默地投给你，爱的诗篇
　　轻轻地弹给你，爱的琴弦
　　静静地捧给你，爱的时间
　　淡淡地送给你，爱的欢颜
　　悄悄地寄给你，爱的书简
　　慢慢地教给你，爱的语言"

化用自——潘越云《我的思念》，作词：邓禹平

**图书在版编目（CIP）数据**

有温度的教育孩子才不抵触：让孩子从"要我做"到"我要做"/糖粒儿著.— 北京：北京联合出版公司，2020.4
ISBN 978-7-5596-3892-2

Ⅰ.①有… Ⅱ.①糖… Ⅲ.①家庭教育Ⅳ.①G78

中国版本图书馆CIP数据核字(2020)第012257号

**有温度的教育孩子才不抵触：让孩子从"要我做"到"我要做"**

作　　者：糖粒儿
图书策划：七语
责任编辑：昝亚会　夏应鹏
装帧设计：垂垂
版式设计：垂垂

北京联合出版公司出版
（北京市西城区德外大街83号楼9层　100088）
北京时代华语国际传媒股份有限公司发行
唐山富达印务有限公司印刷　新华书店经销
字数200千字　690毫米×980毫米　1/16　13印张
2020年4月第1版　2020年4月第1次印刷
ISBN 978-7-5596-3892-2
定价：39.80元